Publikation der Ausgleichsstelle für den Ausgleichsfonds
der Arbeitslosenversicherung
Bundesamt für Industrie, Gewerbe und Arbeit, Bern

D1735215

Herausgegeben vom
Bundesamt für Industrie, Gewerbe und Arbeit (BIGA), Bern

Daniel C. Aeppli / Cora Hotz / Valérie Hugentobler / Roland Theiss

Die Situation der Ausgesteuerten

Verlag Paul Haupt Bern · Stuttgart · Wien

Das vorliegende Werk wurde durch den Ausgleichsfonds der Arbeitslosenversicherung und durch die Kantone Bern, Freiburg, Solothurn, Basel-Stadt, Basel-Landschaft, Aargau, Wallis und Genf finanziert.

Daniel C. Aeppli

1950, Dr. phil. I, Psychologie-Studium an den Universitäten Zürich und München; wissenschaftlicher Mitarbeiter an der Universität St. Gallen und im BIGA; seit 1994 selbständiger Sozialforscher. Publikation u.a.: «Weiterbildung und Umschulung für Arbeitslose», Haupt, Bern, 1991.

Cora Hotz

1963, lic. ès sc. pol., Studium der politischen Wissenschaften an der Universität Lausanne.

Valérie Hugentobler

1970, lic. ès sc. pol., Studium der politischen Wissenschaften an der Universität Lausanne.

Roland Theiss

1959, Diplom-Volkswirt, Nationalökonomie-Studium an der Universität Freiburg im Breisgau; seit 1988 Mitarbeiter an der Forschungsstelle für Arbeitsmarkt- und Industrieökonomik (FAI) an der Universität Basel.

Die Deutsche Bibliothek – CIP-Einheitsaufnahme

Die Situation der Ausgesteuerten / [Bundesamt für Industrie, Gewerbe und Arbeit, Bern].
Daniel C. Aeppli ... – Bern ; Stuttgart ; Wien : Haupt, 1996
(Publikation der Ausgleichsstelle für den Ausgleichsfonds der Arbeitslosenversicherung)
ISBN 3-258-05400-2
NE: Aeppli, Daniel C.; Schweiz / Bundesamt für Industrie, Gewerbe und Arbeit

Alle Rechte vorbehalten
Copyright © 1996 by Paul Haupt Berne
Jede Art der Vervielfältigung ohne Genehmigung des Verlages ist unzulässig
Dieses Papier ist umweltverträglich, weil chlorfrei hergestellt
Printed in Switzerland

Inhaltsverzeichnis

Vorwort von BIGA-Direktor Jean-Luc Nordmann

Arbeitslosigkeit ist mit grossen sozialen und wirtschaftlichen Problemen verbunden. Hinter den regelmässig veröffentlichten Zahlen stecken Schicksale von Menschen, die aus den unterschiedlichsten Gründen aus dem Arbeitsprozess herausgeworfen wurden. Sie müssen sich beruflich und privat teilweise grundlegend neu orientieren. Forschung und Statistiken zum Phänomen Arbeitslosigkeit sind deshalb nicht Selbstzweck, sondern für Gesellschaft, Politik und Wirtschaft unerlässliche Entscheidungshilfen auf der Suche nach tragfähigen Problemlösungen.

Nachdem bereits letztes Jahr eine im Auftrag des BIGA von der IPSO-Sozialforschung durchgeführte Studie zur Qualität der Wiederbeschäftigung nach Arbeitslosigkeit publiziert werden konnte, vermittelt die hiermit vorliegende Untersuchung nun erstmals umfassende und fundierte Antworten auf die vielgestellte Frage, wie die *Situation der Arbeitslosen nach ihrer Aussteuerung* aussieht. Dem Forscherteam unter der Leitung von Herrn Dr. Daniel C. Aeppli kommt dabei der grosse Verdienst zu, mit seinen wissenschaftlichen Erkenntnissen einen wesentlichen Beitrag zur Versachlichung der Diskussion in einem politisch hochsensiblen Bereich geliefert zu haben. Den Forscherinnen und Forschern sowie der Begleitgruppe sei deshalb an dieser Stelle meine Anerkennung und mein Dank ausgesprochen.

Der Prozess zur Gewinnung von weiteren Einsichten in Ursachen und Zusammenhänge von Arbeitslosigkeit ist damit keineswegs abgeschlossen. Wir wollen die statistischen Instrumente und die Arbeitsmarktforschung nach Massgabe der Erkenntnisbedürfnisse von Gesellschaft, Staat und Wirtschaft und im Rahmen einer sinnvollen Aufgabenteilung zwischen Bund und Kantonen ständig weiterentwickeln. Prioritäres Ziel der Politikgestaltung muss dabei allerdings nach wie vor sein, Arbeitslosigkeit wenn immer möglich zu vermeiden oder sie möglichst kurz zu halten. Die

Revision des Arbeitslosenversicherungsgesetzes hat diesbezüglich wichtige Voraussetzungen geschaffen. Ich denke dabei insbesondere an die frühzeitig einsetzende und möglichst umfassende individuelle Beratung und Betreuung der Arbeitslosen durch die regionalen Arbeitsvermittlungszentren, die sich ihrerseits auf ein hohes Mass an Selbstverantwortung und Eigeninitiative der von Arbeitslosigkeit Betroffenen stützen können.

Jean-Luc Nordmann

Direktor des Bundesamtes für Industrie, Gewerbe und Arbeit

Vorwort des Präsidenten der Begleitgruppe

Besonders in den ersten Jahren der jüngsten Rezession, als die Arbeitslosenzahlen massiv anzusteigen begannen, wurde die sogenannte "Aussteuerung" aus der Arbeitslosenversicherung vielerorts zum Thema. Zuerst wurde v. a. die statistische Bedeutung Diskussionsobjekt, dann immer mehr auch die sozialpolitische und die volkswirtschaftliche. Dazu kam die Frage, was die vorhandenen und vorgeschlagenen Instrumente auf den verschiedenen öffentlichen Ebenen dabei bewirken. Zahlreiche Kantone v. a. der Nordwestschweiz und der Romandie führten, um die Diskussion versachlichen zu können, eigene Untersuchungen durch, die sich aber meistens als beschränkt repräsentativ erwiesen.

Mit der vorliegenden Studie ist es erstmals möglich geworden, zur Aussteuerung Aussagen zu machen, die als repräsentativ - sicher für die einbezogenen Kantone, aber auch für die gesamte Schweiz - gelten dürfen. Die geleistete Arbeit und das Erreichte haben damit zweifelsohne zu einem zentralen Beitrag zur aktuellen sozialpolitischen Diskussion geführt.

Dass dies - innert des gesetzten terminlichen und budgetierten Rahmens - gelungen ist, ist in erster Linie der Verdienst der Forschungsgruppe "Ausgesteuerte". In zweiter Linie aber sicher auch der Begleitgruppe, die ich präsidieren durfte. Die - v. a. in der Schlussphase - ausserordentlichen Anstrengungen der einen, das konstruktive, einsatzfreudige und gelegentlich notwendigerweise auch kritische Mitarbeiten der anderen haben zu diesen Resultaten geführt. Ohne die einzelnen namentlich zu nennen, spreche ich allen hiermit dafür meinen Dank aus. Zu danken habe ich aber auch den verschiedenen involvierten amtlichen Stellen, insbesondere des Fürsorgebereichs und vor allem den ausgesteuerten Personen selbst, die zum Gelingen dieser Untersuchung Wesentliches beigetragen haben.

Mit dem erfolgreichen Abschluss der Studie verbindet sich die Hoffnung, dass die Ergebnisse nicht nur die Diskussion objektivieren, sondern auch dazu beitragen können, der Politik die richtigen Impulse zu geben.

Dr. Thomas Keller

Vorsteher des Kantonalen Amtes für Industrie, Gewerbe und Arbeit Basel-Landschaft

Einleitung und Dank

Nach dem Abschluss meines Studiums war ich selbst mehr als ein Jahr lang arbeitslos. Diese Erfahrung war so tiefgreifend, dass ich mich seither immer wieder in Forschung und Verwaltung mit dem Problem der Arbeitslosigkeit auseinandergesetzt habe. Während meiner Tätigkeit im Bereich der Arbeitslosenversicherungs-Statistik im BIGA beobachtete ich, dass die Nachfrage nach Informationen über die Situation der von der Aussteuerung betroffenen Menschen einerseits ständig wuchs und andererseits mit den vorhandenen Daten nur beschränkt gedeckt werden konnte. Dies gab mir im November 1993 die Idee, das Forschungsprojekt, dessen Resultate hier vorgelegt werden, aufzubauen. Zuerst hatte ich eine auf die Nordwestschweiz begrenzte Studie im Sinne und konnte sehr bald die Vorsteher der Arbeitsämter der Kantone Basel-Stadt, Basel-Landschaft, Solothurn und Aargau dafür gewinnen. Im Frühling 1994 erhielt ich die Aufträge der Regierungen dieser vier Kantone, und im Mai 1994 entschied die Aufsichtskommission für den Ausgleichsfonds der Arbeitslosenversicherung, dass die Hälfte der Projektkosten durch die Arbeitslosenversicherung übernommen werden. Im Sommer und im Herbst 1994 stiessen die Kantone Bern, Freiburg, Wallis und Genf zu den Auftraggebern, sodass die Studie auf die französischsprachige Schweiz erweitert werden konnte. Die eigentlichen Forschungsarbeiten begannen am 1. September 1994. Die zentrale Fragestellung lautete: „Was geschieht mit den Arbeitslosen, die von der Arbeitslosenversicherung ausgesteuert wurden, nach ihrer Aussteuerung?"

Die Arbeit an diesem Projekt war besonders interessant und faszinierend, weil

- die Thematik bisher weitgehend unerforscht war,
- das Problem der Aussteuerung im Brennpunkt des öffentlichen Interesses steht,

- die Aussteuerung nicht nur für die einzelnen Betroffenen eine schwierige Situation bedeutet, sondern auch ein soziales, wirtschaftliches und politisches Problem ist,
- sich die Untersuchung über unterschiedliche, deutsch- und französischsprachige, ländliche und städtische Gebiete erstreckte,
- sich die Forschungsgruppe interdisziplinär und zweisprachig zusammensetzte.

Bei der Bewältigung dieser herausfordernden Aufgabe konnte ich auf qualifizierte und engagierte Mitarbeiterinnen und Mitarbeiter zählen: Frau lic. ès sc. pol. Cora Hotz und Frau lic. ès sc. pol. Valérie Hugentobler waren für die Durchführung der Erhebungen und Befragungen in je zwei Kantonen und für alle Übersetzungen ins Französische verantwortlich. Herr Diplom-Volkswirt Roland Theiss betreute ebenfalls zwei Kantone, führte die statistischen Auswertungen durch und war für die technischen Belange besorgt. Ihnen allen danke ich ganz herzlich für die grosse Arbeit und den grossen Einsatz.

Ebenso herzlich danke ich im Namen der ganzen Forschungsgruppe

- den verantwortlichen Behörden der acht beteiligten Kantone für den Auftrag und die finanziellen Beiträge,

- den Mitgliedern der Aufsichtskommission für den Ausgleichsfonds der Arbeitslosenversicherung und ihrem Präsidenten, Herrn Jean-Luc Nordmann, Direktor des BIGA, für die Finanzierung der Hälfte der Projektkosten durch die Arbeitslosenversicherung,

- den Mitgliedern unserer Begleitgruppe
   - Herrn Jean Marceau Bieri, Abteilungsleiter im KIGA Bern,

- Herrn Prof. Dr. Niklaus Blattner, Forschungsstelle für Arbeitsmarkt- und Industrieökonmik (FAI), Universität Basel,

- Frau Béatrice Despland, Schweizerischer Gewerkschaftsbund (bis September 1995),

- Herrn Marco Dini, Chef der Dienststelle Industrie, Handel und Arbeit, Kanton Wallis,

- Herrn Dr. Hermann Engler, Vorsteher des KIGA Aargau,

- Herrn Prof. Dr. Yves Flückiger, Département d'économie politique, Universität Genf,

- Herrn Dr. Serge Gaillard, Schweizerischer Gewerkschaftsbund (ab Oktober 1995),

- Herrn Jean-Pierre Gianini, Chef des Industrie-, Handels- und Gewerbedepartements, Kanton Freiburg,

- Herrn Dr. Thomas Keller, Vorsteher des KIGA Basel-Landschaft (Vorsitz),

- Herrn Dr. Olivier Meuwly, Schweizerischer Gewerbeverband,

- Herrn Robert Rohrbach, damals Vorsteher des Kantonalen Arbeitsamts Solothurn (bis Juli 1994),

- Herrn Dr. Walter Steinmann, Vorsteher des Amts für Wirtschaft und Arbeit, Kanton Solothurn, (ab August 1994),

- Frau Nicole Stutzmann (BIGA) und

- Herrn Dr. Max Weidmann, Vorsteher des Kantonalen Arbeitsamts Basel-Stadt

für das aktive Mitgestalten am Projekt,

- den beteiligten Mitarbeitern des Rechenzentrums des Bundesamtes für Informatik (BFI), insbesondere Herrn Jörg Hubacher, für das Aufarbeiten und Bereitstellen der benötigten Daten,

- den beteiligten Mitarbeitern des BIGA, insbesondere Herrn Fabio Aspali, und des Bundesamtes für Ausländerfragen (BFA) für die intensive Beratung und die fundierten Auskünfte,

- den zahlreichen beteiligten Mitarbeiterinnen und Mitarbeitern der für die Arbeitslosenhilfe und die Beschäftigungsprogramme (Kanton Genf) zuständigen Amtsstellen und der kantonalen und kommunalen Fürsorge- oder Sozialämter für das zeitaufwendige Ausfüllen unserer Erhebungsbogen,

- allen übrigen Personen, die uns mit Ratschlägen, Auskünften und Hinweisen zur Seite standen,

- dem Rotary Club Liestal für den Beitrag an die Kosten der Gruppendiskussionen, und

- nicht zuletzt allen von der Aussteuerung betroffenen Menschen, die sich Zeit und Mühe nahmen, unseren Fragebogen auszufüllen oder sich an einer Gruppendiskussion zu beteiligen. Ohne ihre freundliche Bereitschaft und aktive Mithilfe wäre unsere Studie nicht zustande gekommen.

Das vorliegende Buch erscheint auch in französischer Sprache.

Für die Forschungsgruppe

Daniel C. Aeppli, Projektleiter

14

1. Definition und rechtliche Grundlagen

1.1 Zum Begriff "Aussteuerung"

"Aussteuerung", "Ausgesteuerte" und "ausgesteuert" sind nicht gerade schöne Wortgebilde. Sie sind im schweizerischen Verwaltungsgebrauch entstanden und bezeichnen Menschen, die das Recht auf bestimmte Leistungen ausgeschöpft haben. Am häufigsten werden diese Begriffe für Arbeitslose, die kein Anrecht auf Arbeitslosenentschädigung und/oder Arbeitslosenhilfe mehr haben, verwendet. Da sie sich inzwischen auch in der Alltagssprache eingebürgert haben und allgemein gebräuchlich sind, werden sie auch hier übernommen.

Als "Ausgesteuerte" werden in der vorliegenden Arbeit alle Personen, die von der schweizerischen Arbeitslosenversicherung die Höchstzahl der ihnen zustehenden Taggelder bezogen und also im Normalfall kein Anrecht auf weitere haben, bezeichnet. Arbeitslose mit einem Höchstanspruch von 170 oder 250 bzw. 400 Taggeldern, denen wegen eines Kursbesuchs der Höchstanspruch auf 400 bzw. 450 Taggelder ausgeweitet wurde, gelten für diese Arbeit trotzdem als ausgesteuert, weil sie diesen erweiterten Höchstanspruch sofort wieder verlieren, wenn sie den Kurs beenden oder abbrechen. Personen, die ihren Höchstanspruch an Taggeldern noch nicht ausgeschöpft haben, jedoch keine Arbeitslosenentschädigung mehr erhalten, weil ihre Rahmenfrist abgelaufen ist und ihnen keine neue Rahmenfrist eröffnet wurde, werden nicht zu den "Ausgesteuerten" gerechnet, weil sie ja noch einen theoretischen Restanspruch haben. Die in dieser Arbeit verwendete Definition der "Ausgesteuerten" stimmt voll und ganz mit derjenigen des Bundesamts für Industrie, Gewerbe und Arbeit (BIGA) überein.

Jeder "Ausgesteuerte" kann später auch von der kantonalen Arbeitslosenhilfe ausgesteuert werden, wenn sein Wohnkanton über diese Institution verfügt, er die Bedingungen für den Bezug erfüllte und auch dort seinen Höchstanspruch erreicht hat. Ob eine Person zur hier untersuchten Grundgesamtheit gehört, ist es ohne Belang, ob sie bereits von der kantonalen Arbeitslosenhilfe ausgesteuert wurde oder nicht, denn das einzige Auswahlkriterium ist die Aussteuerung aus der Arbeitslosenversicherung.

1.2   Die rechtlichen Grundlagen

1.2.1   Allgemeines zu den rechtlichen Grundlagen

Die finanzielle Absicherung gegen die Arbeitslosigkeit von Arbeitnehmern ist in 19 Kantonen der Schweiz dreistufig, in den übrigen 7 Kantonen zweistufig angelegt. In der ganzen Schweiz kommt bei Arbeitslosigkeit immer zuerst die Arbeitslosenversicherung zum Einsatz, nachher in 19 Kantonen die kantonale Arbeitslosenhilfe, auch Nothilfe genannt, und am Schluss die Fürsorge.

Die Arbeitslosenversicherung ist für die ganze Schweiz im Bundesgesetz über die obligatorische Arbeitslosenversicherung und die Insolvenzentschädigung vom 25. Juni 1982 (nachfolgend Arbeitslosenversicherungsgesetz genannt) geregelt. Sie ist eine Versicherung im eigentlichen Sinne des Wortes mit Beiträgen von Arbeitnehmern und Arbeitgebern.

Unter den Kantonen, die in die vorliegende Untersuchung einbezogen sind, verfügen Solothurn, Basel-Stadt, Basel-Landschaft, Freiburg, Wallis und Genf über eine kantonale Arbeitslosenhilfe, Aargau nicht. Im Kanton Bern wurde das Instrument der Arbeitslosenhilfe wohl auf den 1. Juli 1990 geschaffen, aber bis jetzt noch nicht an-

16

gewendet. Im Kanton Solothurn wird die Arbeitslosenhilfe per 1. Juli 1995 ersatzlos aufgehoben. Im Kanton Genf werden ausgesteuerte Personen, die ohne Arbeit sind, in der Regel in Beschäftigungsprogramme aufgenommen und erhalten dann keine Arbeitslosenhilfe sondern einen Lohn (für die detaillierte Regelung siehe Kapitel "1.2.3 Die kantonale Arbeitslosenhilfe").

Die Bestimmungen über die kantonalen Arbeitslosenhilfen bzw. über die Nothilfe für Arbeitslose (Kanton Solothurn) sind von den einzelnen Kantonen in kantonalen Gesetzen festgelegt. Deshalb unterscheiden sich die Arbeitslosenhilfen in Anspruchsberechtigung, Höhe, Dauer usw. von Kanton zu Kanton. Gemeinsam ist, dass es sich bei den kantonalen Arbeitslosenhilfen nicht mehr um Versicherungen sondern um Unterstützungen aus kantonalen und kommunalen Mitteln handelt und dass die Bezüger wie die Bezüger von Arbeitslosenentschädigung vermittlungsfähig sein, Arbeitsbemühungen unternehmen und die Kontrollvorschriften einhalten, das heisst stempeln, müssen.

Die öffentliche Fürsorge oder Sozialhilfe stützt sich auf kantonale Gesetze und Reglemente der einzelnen Gemeinden ab. Fürsorgeleistungen sind finanzielle Hilfen, die in der Regel später von den Empfängern zurückgezahlt werden müssen. Sie werden in den meisten an der Studie teilnehmenden Kantonen durch die Gemeinden, im Kanton Solothurn zum kleineren Teil auch durch den Kanton finanziert.

1.2.2 Die Arbeitslosenversicherung

Die Arbeitslosenversicherung ist für alle unselbständigen Erwerbspersonen in der Schweiz gemäss der Bundesverfassung, Artikel 34 novies, obligatorisch. Selbständige können sich bis jetzt nicht versichern, obwohl die Möglichkeit dazu nach dem gleichen Artikel der Bundesverfassung vorgesehen werden kann.

Die Anzahl der Taggelder, die ein Arbeitsloser maximal beziehen kann, richtet sich nach der Dauer seiner beitragspflichtigen Beschäftigung (Beitragszeit), die er in den letzten zwei Jahren vor dem Beginn seiner Arbeitslosigkeit ausgeübt hat. In Zeiten, in denen die Arbeitslosigkeit nicht "andauernd erheblich" ist, hat der Versicherte gemäss Artikel 27, Absatz 2 des Arbeitslosenversicherungsgesetzes Anspruch auf

- maximal 85 Taggelder bei mindestens 6 Monaten Beitragszeit,
- maximal 170 Taggelder bei mindestens 12 Monaten Beitragszeit,
- maximal 250 Taggelder bei mindestens 18 Monaten Beitragszeit.

Gestützt auf Absatz 5 des gleichen Artikels kann der Bundesrat "bei andauernder erheblicher regionaler oder allgemeiner Arbeitslosigkeit" eine höhere Anzahl Taggelder festsetzen. Diese Möglichkeit zur Erweiterung des Bezugsrechts war und ist allerdings ebenfalls limitiert, bis zum 31. März 1993 auf 300, ab dem 1. April 1993 durch den dringlichen Bundesbeschluss über Massnahmen in der Arbeitslosenversicherung vom 19. März 1993 auf 400 Taggelder.

Als die Arbeitslosigkeit in der Schweiz ab Mitte 1990 immer stärker anstieg, wurde diese Bestimmung mehrmals angewendet und die Höchstansprüche zuerst in einzelnen Kantonen, später in der ganzen Schweiz von 85 auf 170, von 170 auf 250 und von 250 auf 300 Taggelder heraufgesetzt. Seit dem 1. April 1993 gelten laut Artikel

2 der Verordnung zum Bundesbeschluss über Massnahmen in der Arbeitslosenversicherung vom 24. März 1993 die folgenden Höchstgrenzen:

- maximal 170 Taggelder bei mindestens 6 Monaten Beitragszeit,
- maximal 250 Taggelder bei mindestens 12 Monaten Beitragszeit,
- maximal 400 Taggelder bei mindestens 18 Monaten Beitragszeit.

Wer von der Erfüllung der Beitragszeit befreit ist, z. B. wegen längerer Krankheit, Ausbildung oder Aufenthalt in einer Anstalt, erhält maximal 170 Taggelder. Wer mindestens 55 Jahre alt oder invalid ist, hat bereits mit einer Beitragszeit von 6 Monaten oder bei Befreiung von der Erfüllung der Beitragszeit einen Höchstanspruch von 400 Taggeldern.

Arbeitslose, die einen Kurs besuchen und anspruchsberechtigt sind, gelangen in den Genuss von speziellen Höchstgrenzen. Wenn ihre normale Höchstgrenze 170 oder 250 Taggelder beträgt, wird sie in diesem Fall auf 400 ausgedehnt. Im Artikel 61, Absatz 1 des Arbeitslosenversicherungsgesetzes ist zwar der Höchstanspruch für Kursbesucher auf 250 Taggelder festgeschrieben. Dies wird aber nach einhelliger Auffassung als Redaktionsfehler angesehen: Mit dem dringlichen Bundesbeschluss über Massnahmen in der Arbeitslosenversicherung hätte die Zahl 250 auf 400 geändert werden müssen, was unterlassen wurde. Liegt die normale Höchstgrenze bereits bei 400 Taggeldern, können während eines Kursbesuchs sogar bis zu 450 gewährt werden, denn der Artikel 84 der Verordnung über die obligatorische Arbeitslosenversicherung und die Insolvenzentschädigung vom 31. August 1983 gibt den Arbeitslosenkassen die Möglichkeit, "höchstens 50 weitere Taggelder" auszurichten, damit ein Versicherter einen begonnenen Kurs beenden oder einen Kurs oder eine Prüfung wiederholen kann.

Die zweite Teilrevision des Arbeitslosenversicherungsgesetzes vom 23. Juni 1995 enthält wesentliche Änderungen der Bestimmungen über die Höchstansprüche, die aber erst am 1. Januar 1997 in Kraft treten werden. Die neue Regelung hatte somit für die Durchführung der vorliegenden Arbeit keine Bedeutung, wird jedoch im Kapitel „Schlussfolgerungen" (Abschnitt „Die zweite Teilrevision des Arbeitslosenversicherungsgesetzes im Lichte der Ergebnisse") diskutiert.

Bis zum 31. März 1993 erhielten alle Arbeitslosen eine Arbeitslosenentschädigung in der Höhe von 80 % ihres versicherten Verdiensts. Seit dem 1. April 1993 werden 80 % nur noch an Arbeitslose, die Anspruch auf Kinderzulagen haben oder invalid sind oder deren Taggeld unter 130 Franken liegt, entrichtet, für alle anderen beträgt der Entschädigungssatz 70 % (Arbeitslosenversicherungsgesetz, Artikel 22, Absatz 1 bis).

1.2.3 Die kantonale Arbeitslosenhilfe

Im **Kanton Basel Stadt** ist die Arbeitslosenhilfe im Gesetz betreffend kantonale Arbeitslosenhilfe vom 14. März 1985 geregelt. Gemäss Paragraph 2 dieses Gesetzes haben grundsätzlich nur Ausgesteuerte, die ununterbrochen seit mindestens zwei Jahren tatsächlich im Kanton wohnen und angemeldet sind, einen Anspruch auf Arbeitslosenhilfe. Ihr Vermögen darf aber den einfachen nicht steuerbaren Betrag für Alleinstehende und den doppelten nicht steuerbaren Betrag für Unterstützungspflichtige nicht übersteigen (Paragraph 3). Es wird ein Taggeld, das dem zuletzt bezogenen Nettotaggeld der Arbeitslosenversicherung entspricht, ausgerichtet. Anderweitiges Einkommen des Gesuchstellers ist vom Taggeld ganz abzuziehen, das Einkommen des Ehegatten zur Hälfte (Paragraph 6). Die Höchstzahl der Taggelder liegt bei 85. In begründeten Fällen können bis zu 60 weitere Taggelder ausgerichtet werden (Paragraph 7). Sobald die zweijährige Rahmenfrist für den Leistungsbezug der Arbeitslosenversicherung überschritten ist, wird kein Taggeld mehr ausbezahlt.

Für den **Kanton Basel-Landschaft** finden sich die Bestimmungen über die Arbeitslosenhilfe im Gesetz über die obligatorische Arbeitslosenversicherung und die Hilfe an Arbeitslose vom 25. Juni 1986 und in der Regierungsratsverordnung über die Arbeitslosenhilfe an Ausgesteuerte vom 22. November 1983. Anspruchsberechtigt sind ausgesteuerte arbeitslose Schweizerbürger, Ausländer mit Niederlassungsbewilligung und anerkannte Flüchtlinge (Paragraph 3 der Verordnung). Wie in Basel-Stadt ist grundsätzlich ein ununterbrochener Aufenthalt von zwei Jahren im Kanton verlangt (Paragraph 4 der Verordnung). Das Taggeld darf das zuletzt bezogene Nettotaggeld der Arbeitslosenversicherung nicht übersteigen. Anderweitiges Einkommen des Gesuchstellers, des Ehepartners und der im gleichen Haushalt lebenden Kinder sowie das Vermögen sind bei der Festlegung des Taggeldes zu berücksichtigen (Paragraph 8 der Verordnung). In der Regel werden höchstens 85 Taggelder ausbezahlt, in Ausnahmefällen zuerst weitere 60, dann nochmals höchstens 55. Normalerweise erlischt das Anrecht auf Arbeitslosenhilfe, nachdem die zweijährige Rahmenfrist für den Leistungsbezug der Arbeitslosenversicherung abgelaufen ist, auch wenn die Höchstzahl der Taggelder noch nicht ausgeschöpft wurde. In Härtefällen können aber nach dem Ende der Rahmenfrist noch weitere Taggelder gewährt werden, bis das Gesamttotal von 200 erreicht ist. (Paragraph 9 der Verordnung). Die Arbeitslosenhilfe wird je zur Hälfte vom Kanton und von der Wohnsitzgemeinde finanziert (Paragraph 16 des Gesetzes). Die Ausgaben des Kantons gehen zulasten des Krisenfonds und der Staatsrechnung (Paragraph 18 des Gesetzes). Der Krisenfonds ist inzwischen erschöpft.

Im **Kanton Solothurn** bilden das Gesetz über die Arbeitslosenversicherung und die Arbeitslosenfürsorge vom 4. Dezember 1983 und der Kantonsratsbeschluss über

Nothilfe für Arbeitslose vom 19. September 1983 die wichtigsten rechtlichen Grundlagen für die Arbeitslosenhilfe, die hier Nothilfe heisst. Die Nothilfe wird allen ausgesteuerten Arbeitslosen, die im Kanton wohnen, gewährt (Paragraph 1 des Kantonsratsbeschlusses). Ist der Ehepartner des Bezugsberechtigten voll erwerbstätig, wird die Nothilfe um das steuerbare Einkommen aus dieser Arbeit gekürzt. (Paragraph 4 des Kantonsratsbeschlusses). Der Höchstanspruch beträgt 150 Taggelder, deren Höhe 90 % des zuletzt bezogenen Taggeldes der Arbeitslosenversicherung entspricht (Paragraph 8 des Gesetzes, Absatz 1, und Paragraphen 2 und 3 des Kantonsratsbeschlusses). Die eine Hälfte der Kosten der Nothilfe übernimmt der Kanton, die andere die Gesamtheit der Einwohnergemeinden (Paragraph 8, Absatz 3 des Gesetzes). Im Zuge der Sparmassnahmen im Kanton Solothurn hat der Kantonsrat beschlossen, die Nothilfe per 1. Juli 1995 ersatzlos aufzuheben.

Seit dem 1. Juli 1990 wäre es gemäss dem Gesetz über die Arbeitsvermittlung, die Arbeitslosenversicherung und die Arbeitslosenunterstützung vom 30. August 1989 auch im **Kanton Bern** möglich, eine Arbeitslosenhilfe einzuführen. Der Regierungsrat, der laut Artikel 16, Absatz 2 dieses Gesetzes über den Zeitpunkt der Einführung und der Aufhebung entscheidet, hat von seiner Kompetenz bisher noch keinen Gebrauch gemacht. Anspruchsberechtigt wären im Kanton Bern wohnhafte ausgesteuerte arbeitslose Schweizer Bürger und Bürgerinnen, Ausländer und Ausländerinnen mit Niederlassungs- und Jahresaufenthaltsbewilligung und bundesrechtlich anerkannte Flüchtlinge (Artikel 38, Absatz 1 der Verordnung zum Gesetz über die Arbeitsvermittlung, die Arbeitslosenversicherung und die Arbeitslosenunterstützung vom 23. Mai 1990). Das Taggeld entspräche dem zuletzt bezogenen Netto-Taggeld aus der Arbeitslosenversicherung (Artikel 39 der Verordnung). Bei der Festsetzung des Taggeldes würden Erwerbs- und Ersatzeinkommen, Hinterbliebenenrenten und Alimentenansprüche sowie Vermögenserträge der bezugsberechtigten Person und ihres Ehegatten voll angerechnet (Artikel 41 der Verordnung). In der Regel würden

22

höchstens 90 Taggelder ausbezahlt (Artikel 18 des Gesetzes). 60 weitere Taggelder könnten gewährt werden, wenn dies notwendig ist, damit eine bezugsberechtigte Person einen Kurs beenden oder einen Kurs oder eine Prüfung wiederholen kann. (Artikel 40 der Verordnung). Die Kosten der Arbeitslosenhilfe gingen anteilsmässig zu Lasten des kantonalen Arbeitsmarktfonds und der Gemeinden mit Taggeldbezügern (Artikel 25, Absatz 1 des Gesetzes).

Im **Kanton Aargau** existiert keine kantonale Arbeitslosenhilfe.

Im **Kanton Freiburg** ist die Arbeitslosenhilfe durch das Gesetz über die Beschäftigung und die Arbeitslosenhilfe vom 7. Oktober 1992 und durch das Ausführungsreglement zum Gesetz über die Beschäftigung und die Arbeitslosenhilfe vom 29. Juni 1993 geregelt. Arbeitslose ab 50 Jahren, deren Anspruch bei der Arbeitslosenversicherung erschöpft ist, haben Anrecht auf eine individuelle finanzielle Hilfe (Arbeitslosenhilfe, Artikel 17 und 25, Absatz 1, des Gesetzes). Die an der Arbeitslosenhilfe interessierten Personen müssen vermittlungsfähig und grundsätzlich seit einem Jahr im Kanton wohnhaft sein (Artikel 18 und 19 des Gesetzes). In Krisenzeiten kann der Staatsrat die Altersgrenze senken. Personen, die an einem Kurs, dessen Kosten gemäss Artikel 23 des Gesetzes übernommen werden, teilnehmen, und Personen, die mindestens 50 % invalid sind, haben unabhängig von ihrem Alter Anrecht auf Arbeitslosenhilfe (Artikel 25, Absätze 2 und 3, des Gesetzes). Der Betrag der Arbeitslosenhilfe entspricht 90 % der letzten Entschädigung der Arbeitslosenversicherung. Der Betrag der Arbeitslosenhilfe wird in der Regel ein erstes Mal nach der Auszahlung von 25 Taggeldern und ein zweites Mal nach der Auszahlung von 50 Taggeldern um je 10 % gekürzt. „Die finanzielle Hilfe darf zusammen mit den anderen Einkommen des Anspruchsberechtigten und seines Ehepartners oder der Person, mit der er eheähnlich zusammenlebt, 80 % des versicherten Höchstverdienstes nach Arbeitslosenversicherungsgesetz nicht übersteigen; für verheiratete oder eheähnlich mit ihrem Partner lebende Personen mit Unterhaltspflichten beträgt der Höchstbetrag 120 %." (Artikel 26, Absätze 1, 2 und 5, des Gesetzes) Die Berechnung des Betrages der Arbeitslosenhilfe gründet sich auf die Steuerveranlagung und auf die Richtlinien des kantonalen Arbeitsamtes (Artikel 32 des Ausführungsreglements). Nach seiner Aussteuerung bei der Arbeitslosenversicherung kann der Anspruchsberechtigte innerhalb der Rahmenfrist höchstens 75, in bestimmten Ausnahmefällen 150 Taggelder beziehen (Artikel 27 des Gesetzes). Die Arbeitslosenhilfe wird durch den Beschäftigungsfonds, der durch jährliche Zahlungen des Kantons gespiesen wird, finanziert (Artikel 30 und 31 des Gesetzes).

Die Bestimmungen über die Arbeitslosenhilfe im **Kanton Wallis** finden sich im Dekret über die Arbeitsvermittlung und den Personalverleih, die Arbeitslosenversicherung und die ergänzende kantonale Arbeitslosenunterstützung (AVUD) vom 26. Juni 1992 und im Reglement zu diesem Dekret vom 21. Oktober 1992. Arbeitslosenhilfe kann bei erhöhter Arbeitslosigkeit an ausgesteuerte Arbeitslose, die mindestens 55 Jahre alt sind oder einer besonders hart betroffenen Versichertengruppe angehören, ausbezahlt werden (Artikel 17, Absatz 1, AVUD). Durch das Dekret vom 17. Mai 1994 wurde das Mindestalter von 55 auf 50 Jahre herabgesetzt. Der Staatsrat entscheidet über den Zeitpunkt der Einführung und der Aufhebung der Arbeitslosenhilfe (Artikel 17, Absatz 2, AVUD). Anspruchsberechtigt sind Schweizer Bürger, Ausländer mit Niederlassungs- oder Jahresaufenthaltsbewilligung und bundesrechtlich anerkannte Flüchtlinge. Für Personen, die eine Rente der Invalidenversicherung beziehen oder auf Kosten der Invalidenversicherung eine berufliche Ausbildung oder eine Umschulung absolvierten, gibt es keine Altersbegrenzung. (Artikel 21, Absatz 1, des Reglements) Die Altersgrenze für Personen, die einen Weiterbildungs- oder Umschulungskurs, der vom kantonalen Arbeitsamt bewilligt oder angeordnet wurde, besuchen, liegt bei 45 Jahren (Absatz 3). Der Gesuchsteller muss seinen Wohnsitz seit mindestens zwei Jahren ununterbrochen im Wallis haben (Absatz 2). Das Taggeld

24

der Arbeitslosenhilfe beträgt 50 % des letzten Netto-Taggeldes der Arbeitslosenversicherung. Das Taggeld wird nur gekürzt, soweit es über 60 Franken für Alleinstehende und 90 Franken für Ehepaare liegt. (Artikel 22 des Reglements) Die Arbeitslosenhilfe wird gekürzt, soweit sie pro Monat zusammen mit dem anrechenbaren übrigen Einkommen das vor der Arbeitslosigkeit erzielte Erwerbseinkommen übersteigt.
Als anrechenbares Einkommen gelten zwei Drittel der übrigen Einkünfte des Gesuchstellers, seines Ehegatten und der im gleichen Haushalt lebenden Verwandten.
(Artikel 26 des Reglements) Es können höchstens 170 Taggelder ausgerichtet werden. Der Staatsrat kann, nach Anhören der Gemeinden, die Zahl der Taggelder bis
auf 300 erweitern. Dies ist möglich bei andauernder erheblicher Arbeitslosigkeit, für
auf dem Arbeitsmarkt benachteiligte Gruppen und für Kursbesucher. (Artikel 19,
AVUD) Die Arbeitslosenhilfe wird durch den kantonalen Beschäftigungsfonds und
durch die Wohngemeinden der Bezüger (30 bis 80 % je nach Finanzkraft einer Ge-
meinde) finanziert (Artikel 26, AVUD).

Im **Kanton Genf** bilden „la Loi sur le fonds cantonal genevois de chômage" vom 14.
April 1978, „la Loi en matière de chômage" vom 10. November 1983 und „le
Règlement d'exécution de la Loi en matière de chômage" vom 3. Dezember 1984 die
rechtlichen Grundlagen der Arbeitslosenhilfe. (Diese Liste ist nicht vollständig. Es
gibt noch verschiedene zusätzliche Reglemente.) Gemäss Artikel 1 der „Loi sur le
fonds cantonal genevois de chômage" ist dieser Fonds eine öffentlich-rechtliche
Stiftung. Beiträge aus dem Fonds werden von Fall zu Fall gewährt, und es gibt kein
eigentliches Recht darauf (Artikel 6). Arbeitslosenhilfe wird nur ausbezahlt, wenn
der Antragsteller nicht in einem Beschäftigungsprogramm untergebracht werden
kann. Leistungen aus dem Fonds können beantragen: Genfer Bürger, die im Kanton
wohnen; übrige Schweizer und Niedergelassene, die mindestens ein Jahr lang ohne
Unterbruch im Kanton wohnen; Jahresaufenthalter, die mindestens zwei Jahre lang
ohne Unterbruch im Kanton wohnen (Artikel 7). Um Beiträge aus dem Fonds zu er-

halten, muss die antragstellende Person die folgenden Bedingungen erfüllen: kein Anrecht auf Leistungen der Arbeitslosenversicherung oder auf kantonale Ergänzungsleistungen; AHV-Alter noch nicht erreicht; Arbeitslosigkeit nicht selbst verschuldet; Wille, eine Arbeit zu finden; Nachweis von Bemühungen um die Stellensuche; regelmässiger Besuch der Stempelkontrolle; Vermittlungsfähigkeit (Artikel 8). Das Taggeld beträgt zwischen 50 und 100 % des Taggeldes der Arbeitslosenversicherung, auf das der Bezüger Anrecht hatte oder hätte. Pro Jahr können maximal 85 Taggelder ausgerichtet werden.(Artikel 9) Unter Umständen kann eine Rückzahlung verlangt werden (Artikel 10). Der Fonds wird durch den Ertrag von Kapitalanlagen, durch Subventionen, Schenkungen und Legate gespiesen (Artikel 5). Im Zuge der Einführung des Mindesteinkommens für Ausgesteuerte wurde die Arbeitslosenhilfe im Kanton Genf auf Ende Dezember 1994 abgeschafft.

Im Kanton Genf haben Ausgesteuerte das Anrecht, an einem Beschäftigungsprogramm teilzunehmen, wenn sie die folgenden Bedingungen der „Loi en matière de chômage" erfüllen: Ihr Höchstanspruch bei der Arbeitslosenversicherung muss ausgeschöpft sein (Artikel 8). Sie müssen entweder im Kanton wohnhafte Genfer Bürger sein oder als übrige Schweizer, Niedergelassene oder Jahresaufenthalter mindestens seit einem Jahr im Kanton wohnen. (Artikel 23) Für Ausgesteuerte, die das 55. Altersjahr noch nicht vollendet haben, ist die Dauer des Beschäftigungsprogramms begrenzt auf

- maximal 3 Monate für Ausgesteuerte, deren Höchstanspruch bei der Arbeitslosenversicherung 170 oder 250 Taggelder betrug,
- maximal 6 Monate für Ausgesteuerte, deren Höchstanspruch bei der Arbeitslosenversicherung 400 Taggelder betrug.

Für Ausgesteuerte, die das 55. Altersjahr vollendet haben, ist die Dauer des Beschäftigungsprogramms begrenzt auf

26

- maximal 6 Monate für Ausgesteuerte, deren Höchstanspruch bei der Arbeitslosenversicherung 170 Taggelder betrug,
- maximal 8 Monate für Ausgesteuerte, deren Höchstanspruch bei der Arbeitslosenversicherung 250 Taggelder betrug,
- maximal 12 Monate für Ausgesteuerte, deren Höchstanspruch bei der Arbeitslosenversicherung 400 Taggelder betrug. (Artikel 25)

Für die Dauer des Beschäftigungsprogramms wird ein Lohn, der sich nach der auszuübenden Funktion richtet, ausbezahlt. Dieser Lohn darf aber den letzten versicherten Verdienst, der von der Arbeitslosenversicherung für die Berechnung der Taggelder berücksichtigt wurde, nicht übersteigen. (Artikel 27 des „Règlement d'exécution de la Loi en matière de chômage")

Seit dem 1. Januar 1995 gibt es im Kanton Genf für Ausgesteuerte ein vom Kanton garantiertes Mindesteinkommen (Revenu Minimum Cantonal d'Aide Sociale, abgekürzt RMCAS), das vom Sozialamt ausbezahlt wird. Dieses Mindesteinkommen ist durch die „Lois sur les prestations cantonales accordées aux chômeurs en fin de droit" vom 18. November 1994 und vom 21. Dezember 1994 geregelt. Anrecht auf das Mindesteinkommen haben Schweizer, die seit drei Jahren, und Ausländer, die seit sieben Jahren im Kanton Genf wohnen. Das ausbezahlte jährliche Mindesteinkommen beträgt für Alleinstehende Fr. 13'812.--. Zusätzlich können noch die Miete bis zum Betrag von Fr. 1'600.-- und die Prämien der Krankenkasse (nur für die Basis-Versicherung) übernommen werden. Wenn andere Einnahmen vorhanden sind, wird das Mindesteinkommen um deren Betrag gekürzt. Es darf nicht mit Leistungen der Alters- und Hinterbliebenen-Versicherung (AHV), der Invalidenversicherung (IV) oder der Sozialhilfe kumuliert werden. Das Mindesteinkommen wird ein Jahr lang ausgerichtet. Diese Dauer kann je nach der individuellen Situation des Bezügers verlängert werden. Das erhaltene Geld muss nicht zurückbezahlt werden. Als Gegenleistung verrichten die Bezüger des Mindesteinkommens Arbeiten in sozialen Institutionen oder im Umweltschutz.

1.2.4 Die Fürsorge

Die öffentliche Fürsorge oder öffentliche Sozialhilfe, wie sie neuerdings auch bezeichnet wird, ist in den Kantonen, über die sich die Untersuchung erstreckt, in den folgenden Gesetzen geregelt:

- für den **Kanton Basel-Stadt**: Gesetz betreffend die öffentliche Fürsorge vom 21. April 1960 (nachfolgend Fürsorgegesetz genannt),

- für den **Kanton Basel-Landschaft**: Fürsorgegesetz vom 6. Mai 1974,

- für den **Kanton Solothurn**: Gesetz über die öffentliche Sozialhilfe vom 2. Juli 1989 (nachfolgend Sozialhilfegesetz genannt),

- für den **Kanton Aargau**: Sozialhilfegesetz vom 2. März 1982,

- für den **Kanton Bern**: Gesetz über das Fürsorgewesen vom 3. Dezember 1961,

- für den **Kanton Wallis**: Gesetz über die öffentliche Armenpflege vom 2. Juni 1955 und Vollziehungsreglement vom 25. Juni 1957,

- für den **Kanton Freiburg**: Sozialhilfegesetz vom 14. November 1991,

- für den **Kanton Genf**: „Loi sur l'assistance publique" vom 19. September 1980.

Für viele Aspekte der öffentlichen Fürsorge gelten in **allen** an der Untersuchung **beteiligten Kantonen** sehr ähnliche Bestimmungen:

Die öffentliche Sozialhilfe geht vom Subsidiaritäts-Prinzip aus, das heisst sie leistet erst Beiträge an Bedürftige, wenn keine Mittel aus anderen Quellen, zum Beispiel von Verwandten oder aus Sozialversicherungen wie der Arbeitslosenversicherung, verfügbar sind. Die öffentliche Fürsorge stellt also das letzte soziale Netz dar. Gemäss den Artikeln 328 und 329 des Schweizerischen Zivilgesetzbuches sind in erster Linie die Verwandten einer bedürftigen Person für deren Unterstützung zuständig, falls Ansprüche aus Sozialversicherungen erschöpft oder nicht vorhanden sind. (Basel-Stadt, Fürsorgegesetz, Paragraphen 6 und 8; Basel-Landschaft, Fürsorgegesetz, Paragraph 11; Solothurn, Sozialhilfegesetz, Paragraph 18; Aargau, Sozialhilfegesetz, Paragraph 23; Bern keine spezielle Erwähnung im Fürsorgegesetz; Wallis, Armenpflege-Gesetz, Artikel 1; Freiburg, Sozialhilfegesetz, Artikel 5; Genf, „Loi sur l'assistance publique", Artikel 1).

Wer als Erwachsener Unterstützung von der öffentlichen Fürsorge bezogen hat, ist zur Rückerstattung verpflichtet, sobald seine finanziellen Verhältnisse dies erlauben (Basel-Stadt, Fürsorgegesetz, Paragraph 9; Basel-Landschaft, Fürsorgegesetz, Paragraph 32; Solothurn, Sozialhilfegesetz, Paragraph 61; Aargau, Sozialhilfegesetz, Paragraph 24; Bern, Fürsorgegesetz, Artikel 25; Wallis, Armenpflege-Gesetz, Artikel 72; Freiburg, Sozialhilfegesetz, Artikel 29; Genf, „Loi sur l'assistance publique", Artikel 1, Absatz 5, und Artikel 23, Absätze 1 et 2).

Leistungen der öffentlichen Sozialhilfe setzen im Gegensatz zu denjenigen der Sozialversicherungen Bedürftigkeit voraus. Als bedürftig gilt, wer ausserstande ist, die Mittel für den notwendigen Lebensunterhalt für sich und seine Angehörigen zu beschaffen. (Basel-Stadt, Fürsorgegesetz, Paragraph 3; Basel-Landschaft, Fürsorgegesetz, Paragraph 20; Solothurn, Sozialhilfegesetz, Paragraph 27; Aargau, Sozialhilfegesetz, Paragraph 12; Bern, Fürsorgegesetz, Artikel 56; Wallis, Armenpflege-Gesetz, Artikel 24; Freiburg, Sozialhilfegesetz, Artikel 3; Genf, „Loi sur l'assistance publique", Artikel 1, Absatz 2). Wer arbeitslos und ausgesteuert, aber nicht bedürftig ist, erhält also keine finanzielle Hilfe von der Fürsorge.

Die Höhe der Fürsorgeleistungen richtet sich nicht mehr nach dem Verdienst vor der Arbeitslosigkeit wie die Arbeitslosenentschädigung, sondern nur noch nach dem notwendigen Lebensbedarf (Basel-Stadt, Fürsorgegesetz, Paragraph 4; Basel-Landschaft keine spezielle Erwähnung im Fürsorgegesetz; Solothurn, Sozialhilfegesetz, Paragraph 28; Aargau, Sozialhilfegesetz, Paragraphen 2 und 13; Bern, Fürsorgegesetz, Artikel 53; Wallis, keine spezielle Erwähnung im Armenpflege-Gesetz; Freiburg, keine spezielle Erwähnung im Sozialhilfegesetz; Genf, „Loi sur l'assistance publique", Artikel 14). Die Höhe der Beiträge der Sozialhilfe werden immer individuell festgesetzt. Deshalb enthält kein Fürsorgegesetz konkrete Richtzahlen oder Prozentwerte für die Höhe der Leistungen. Dies gibt den Fürsorgebehörden viel Spielraum und die Möglichkeit, auf die einzelnen bedürftigen Menschen sehr individuell einzugehen, kann aber auch dazu führen, dass gleichartige Fälle in verschiedenen Gemeinden unterschiedlich behandelt werden.

Die öffentliche Sozialhilfe kennt keine Aussteuerung nach einer bestimmten Bezugsdauer. Es werden finanzielle Beiträge geleistet, solange die Bedürftigkeit besteht.

Zu den Instrumenten der öffentlichen Fürsorge gehören nicht nur finanzielle Unterstützungen an Bedürftige sondern auch Beratung, Betreuung und Vermittlung von Dienstleistungen.

2. Stand der bisherigen Forschung

In der Schweiz ist die Zahl der registrierten Arbeitslosen von 15'660 im Juni 1990 auf 188'167 im Januar 1994 angestiegen. Obwohl sich die Arbeitslosigkeit ab Februar 1994 erstmals seit Juni 1990 zurückbildete, bleibt sie auf einem hohen Stand (157'115 Arbeitslose Ende Dezember 1995, Jahresdurchschnitt 1995 153'316 Arbeitslose). Gleichzeitig erhöhte sich auch die Zahl der Langzeitarbeitslosen, derjenigen Personen, die länger als ein Jahr arbeitslos sind, von 8'039 im Jahresdurchschnitt 1992 auf 40'107 - was genau einem Viertel aller Arbeitslosen entspricht - im Dezember 1995. Immer mehr Arbeitslose erreichen ihren Höchstanspruch an Arbeitslosentaggeldern, ohne bis zu diesem Zeitpunkt eine neue Arbeit gefunden zu haben, und werden deshalb ausgesteuert. Im Jahre 1991 wurden in der ganzen Schweiz rund 10'000 Personen ausgesteuert, für das Jahr 1992 wird ihre Zahl bereits auf 25'000 geschätzt, für 1993 auf 23'000 und für 1994 auf 43'000.

Es ist allerdings zu berücksichtigen, dass die Arbeitslosenzahlen der aktuellen Rezession nicht uneingeschränkt mit denjenigen früherer Rezessionen verglichen werden können. Früher haben viel mehr arbeitslose Ausländer die Schweiz verlassen und die Höchstbezugsdauer für Arbeitslosenentschädigung war tiefer, sodass weniger Arbeitslose in der offiziellen Statistik erfasst wurden.

Obwohl das Problem der Aussteuerung immer wichtiger und aktueller wird, gibt es in der Schweiz fast keine Informationen darüber, was mit den Ausgesteuerten nach der Aussteuerung geschieht, also z. B. wieviele wieder Arbeit finden und wieviele sich um Unterstützung an die Fürsorge wenden müssen. Erst einzelne kantonale Arbeitsämter führten zu diesem Thema entweder Befragungen unter Ausgesteuerten (Kantonales Arbeitsamt Baselland, 1988; KIGA Aargau, 1985, 1992 und 1995;

Aeppli & Tanner, 1994) oder Verbleibsuntersuchungen mittels vorhandener Daten (Kantonales Arbeitsamt Basel-Stadt, 1993 und 1994) durch.

Gemäss der Studie des KIGA Aargau (1995) werden unter den Arbeitslosen Frauen häufiger ausgesteuert als Männer, Ausländer häufiger als Schweizer und ungelernte Arbeitnehmer häufiger als besser qualifizierte.

Ein recht grosser Anteil der antwortenden Ausgesteuerten der kantonalen Erhebungen verfügten im Zeitpunkt der Befragungen wieder über eine Stelle. Die Studie des Kantonalen Arbeitsamts (heute KIGA) Baselland (1988) ermittelte unter den Antwortenden 55 % erfolgreiche Stellenbewerber (Rücklauf 62,3 %), diejenige des KIGA Aargau (1985) 40 % (70 % direkt befragt, bei den restlichen 30 % die Gemeindearbeitsämter), diejenige des KIGA Aargau (1992) nur noch 26 % (Stichprobe nur 69 Personen, Rücklauf 100 %, via Gemeindearbeitsämter), diejenige des KIGA Baselland (Aeppli & Tanner, 1994) 49 % (Rücklauf 30,4 %), diejenige des KIGA Aargau (1995) 41 % (Rücklauf 89 %, via Gemeindearbeitsämter).

Von der Aussteuerung bis zu einem allfälligen Stellenantritt dauert es häufig mehr als drei Monate: Laut der Studie des Kantonalen Arbeitsamts Baselland (1988) mussten 52 % der antwortenden Ausgesteuerten, die wieder Arbeit fanden, so lange nach einer Stelle suchen, laut Aeppli & Tanner (1994) sogar 64 %. Es ist zu vermuten, dass viele Ausgesteuerte nach etwa drei Monaten erfolgloser Suche gezwungen sind, ihre Ansprüche herunterzuschrauben und eine Arbeit, bei der sie weniger als vor der Arbeitslosigkeit verdienen, anzunehmen. Gemäss der Studie des Kantonalen Arbeitsamts Baselland (1988) kommen denn auch 43 % der wieder erwerbstätigen antwortenden Ausgesteuerten auf einen geringeren Lohn als vor der Arbeitslosigkeit, gemäss Aeppli & Tanner (1994) 50 %.

Baumgartner & Henzi (1994) führten Interviews mit 31 Ausgesteuerten aus Basel-Stadt durch und versuchten unter anderem zu ergründen, worin sich Personen, die eine Stelle finden, von denjenigen, die weiterhin arbeitslos bleiben, unterscheiden. 12 von ihnen erhobene Merkmale, die die Aktivität der Befragten sowie ihr soziales Umfeld beschreiben sollen, fassten sie zum Faktor "soziale Ressourcen" zusammen, 13 Merkmale, die die Voraussetzungen der Befragten auf dem Arbeitsmarkt zum Gegenstand haben, zum Faktor "Arbeitsmarkt-Potential". Bezogen auf diese beiden Faktoren konnten zwischen den Ausgesteuerten mit und ohne Arbeit keine signifikanten Unterschiede festgestellt werden. Betrachtet man die verschiedenen Merkmale einzeln, zeigen sich aber einige interessante Abweichungen (S. 31): Ausgesteuerte mit Arbeit sind bei der Arbeitssuche initiativer, beanspruchen soziale Institutionen weniger, gestalten den Alltag aktiver, verfügen eher über eine abgeschlossene Ausbildung, bilden sich vor der Arbeitslosigkeit häufiger weiter, haben eher die Bereitschaft für einen längeren Arbeitsweg und verschaffen sich während der Arbeitslosigkeit häufiger einen Zwischenverdienst als Ausgesteuerte, die weiterhin arbeitslos sind. Wegen der kleinen Zahl der Befragten sind diese Befunde mit Vorsicht zu interpretieren.

Ausgesteuerte, die weiterhin arbeitslos bleiben, haben in 19 Kantonen die Möglichkeit, kantonale Arbeitslosenhilfe zu erhalten. Die Bedingungen für den Bezug von kantonaler Arbeitslosenhilfe sind strenger und die Ansätze tiefer als bei der Arbeitslosenversicherung. Die maximale Bezugsdauer ist von Kanton zu Kanton verschieden. Wer auch bei der Arbeitslosenhilfe seinen Höchstanspruch ausgeschöpft hat oder in einem Kanton wohnt, der die Arbeitslosenhilfe nicht kennt, muss sich an die Fürsorge wenden, wenn er weiterhin ohne Stelle ist und seinen Lebensunterhalt nicht aus anderen Mitteln bestreiten kann.

Das Kantonale Arbeitsamt Basel-Stadt (1993) untersuchte anhand von den in den involvierten Ämtern gespeicherten Daten und vorhandenen Akten, wie viele der insgesamt 888 Personen, die im Jahre 1992 im Kanton ausgesteuert wurden, nachher Arbeitslosenhilfe und Fürsorgegelder bezogen: 751 Personen stellten ein Gesuch um Arbeitslosenhilfe und 605 erhielten Leistungen dieses Sozialwerks. Von den 605 Empfängern von Arbeitslosenhilfe wurden 466 abgemeldet, bevor sie ihren Höchstanspruch erreicht hatten (neue Stelle, verlängerter Anspruch bei der Arbeitslosenversicherung, Wegzug, Bezüger bei der Invalidenversicherung), lediglich 139 wurden auch bei der Arbeitslosenhilfe ausgesteuert. Von diesen 139 Personen stellten 76 beim Fürsorgeamt ein Gesuch um Unterstützung, im März 1993 waren aber nur noch 39 von ihnen laufende Bezüger von Fürsorgegeldern. 8,6 % aller Ausgesteuerten mussten sich also an die Fürsorge wenden, die Hälfte von ihnen aber nur für kürzere Zeit.

Ein Jahr später wiederholte das Kantonale Arbeitsamt Basel-Stadt (1994) seine Verbleibserhebung für die insgesamt 1'235 Personen, die 1993 in seinem Kanton ausgesteuert wurden. Dabei zeigte sich das folgende Bild: 837 Personen stellten ein Gesuch um Arbeitslosenhilfe und an 534 wurden Leistungen gewährt. Prozentual bezogen auf das Total der Ausgesteuerten nahmen sowohl die Gesuchsteller wie auch die Leistungsbezüger gegenüber dem Vorjahr erheblich ab, die Leistungsbezüger auch in absoluten Zahlen (Ausgesteuerten-Jahrgang 1992 605 Bezüger). Von den 534 Bezügern wurden 279 abgemeldet, bevor sie an ihren Höchstanspruch gelangten, und 255 mussten auch bei der Arbeitslosenhilfe ausgesteuert werden. Von diesen 255 Personen bezogen 144 Fürsorgeleistungen, Ende März 1994 mussten aber nur noch 63 von ihnen von der Fürsorge unterstützt werden. 11,7 % aller Ausgesteuerten, etwas mehr als im Vorjahr, waren somit auf die Fürsorge angewiesen. Bei beiden Erhebungen beschränkte sich die Untersuchung, ob jemand bei der Fürsorge registriert war, auf Personen, die von der Arbeitslosenhilfe ausgesteuert wurden. Es ist also unbekannt, ob und allenfalls wieviele von den übrigen Ausgesteuerten (Jahrgang 1993 980 Personen, Jahrgang 1992 749 Personen) an die Fürsorge gelangen mussten. Ausserdem wurden Personen, die bei der Arbeitslosenversicherung zweimal im gleichen Jahr ausgesteuert wurden - was im Jahre 1993 wegen der Erhöhung des Höchstanspruchs von 300 auf 400 Taggelder relativ häufig vorkam - als Ausgesteuerte doppelt, als Fürsorgeempfänger aber nur einfach gezählt.

Gemäss Aeppli & Tanner (1994) bestritten 33 (23,4 Prozent) der 141 antwortenden Ausgesteuerten ohne Arbeit im Kanton Baselland ihren Lebensunterhalt mit Hilfe der Fürsorge. Bezogen auf alle 276 antwortenden Ausgesteuerten ergibt dies einen Anteil an Fürsorgefällen von 12,0 %. Die Erhebung des KIGA Aargau (1985) kam unter den Ausgesteuerten auf eine Quote von 11 % an Sozialhilfebezügern, diejenige des KIGA Aargau (1992) auf 30 % und diejenige des KIGA Aargau (1995) auf 21 %.

Andere Quellen, die etwas über die sozialen Auswirkungen von Arbeitslosigkeit und Aussteuerung aussagen, sind die verschiedenen Armutsstudien. Bis jetzt wurden solche Untersuchungen in den Kantonen Zürich (Farago & Füglistaler, 1992), Bern (Ulrich & Binder, 1992), Basel-Stadt (Mäder, Biedermann et al., 1991), St. Gallen (Füglistaler & Hohl, 1992) und Wallis (Perruchoud-Massey, 1991) durchgeführt. Obwohl sie unterschiedliche Methoden und Definitionen der Armut anwendeten, stimmen sie doch in der Bezeichnung der sozialen Gruppen, die besonders von Armut betroffen sind, weitgehend überein. Neben alleinerziehenden, alleinstehenden, alten, kranken und drogenabhängigen Menschen gehören zu ihnen auch Arbeitslose. Die Arbeitslosigkeit ist also eine häufige Ursache von Armut. Quantitative Angaben darüber, wie verbreitet die Arbeitslosigkeit als Grund für eine Abhängigkeit von der Fürsorge ist, fehlen allerdings in allen bisher durchgeführten Armutsstudien.

Laut Werth (1991) verläuft die Entwicklung in der Bundesrepublik Deutschland sehr ähnlich. "Eine der Hauptgruppen der 'neuen' Armut sind die Arbeitslosen." (S. 218) Das Risiko der Arbeitslosigkeit werde immer weniger durch die Arbeitslosenversicherung abgedeckt. 1975 bezogen 65 % der registrierten Arbeitslosen in Deutschland Arbeitslosengeld, 1987 noch 38 %, während 23 % Arbeitslosenhilfe erhielten und etwa 30 % keinen Anspruch auf Lohnersatzzahlungen hatten. Die Kosten der Arbeitslosigkeit würden damit zunehmend auf die Gemeinden als Sozialhilfeträger, also auf die Fürsorge, überwälzt.

Die Sozialhilfestatistik ist in der Schweiz noch sehr wenig entwickelt und mangelhaft. Im Gegensatz zur Bundesrepublik Deutschland gibt es keine landesweit vergleichbaren Angaben über die Zahl und die soziale Zusammensetzung von Bezügern von Fürsorgeleistungen. Rüst (1994) versuchte in einem Pilotprojekt, das sich über 30 Sozialhilfestellen in 13 Kantonen erstreckte, erste Grundlagen für eine einheitliche gesamtschweizerische Sozialhilfestatistik zu liefern. Dabei kam er zum Ergebnis, dass die Arbeitslosigkeit der häufigste Grund für den Bezug von Fürsorgeleistungen darstellt: In 33,9 % der 4'000 untersuchten Unterstützungsfälle war sie die einzige oder eine von mehreren Ursachen für den Gang zur Fürsorge.

Gemäss Boyer (1992) spielte die Arbeitslosigkeit in den Jahren 1978 und 1979 im Kanton Genf nur bei 10 % aller Sozialhilfeempfängern eine Rolle, im Jahr 1992 aber schon bei 50 %. Die Arbeitslosigkeit, die im Kanton Genf besonders stark anstieg, erhöhte die Belastung der Fürsorge in einem bedeutenden Ausmass.

Im Kanton Genf interessiert sich die Universität seit einigen Jahren stark für das Problem der Aussteuerung. Der Anstoss erfolgte im Jahre 1991, als die Ergebnisse der ersten Schweizerischen Arbeitskräfte-Erhebung (SAKE) veröffentlicht wurden und Lücken in den offiziellen Statistiken ausfüllten. Mehrere Professoren der Universität gründeten das „Observatoire de l'emploi", das alle Forschungsarbeiten, die zum Thema Arbeitslosigkeit durchgeführt werden, koordinieren soll. Eine der ersten dieser Studien befasste sich mit den Gründen für den Anstieg der Arbeitslosigkeit, und mehrere andere Projekte sind gegenwärtig im Gange.

Gleichzeitig, angesichts der grossen Anzahl der Langzeitarbeitslosen im Kanton Genf, wurde der „Groupe interdépartemental chômeurs de longue durée" gebildet. Dieses Gremium setzt sich aus verschiedenen Verantwortlichen, die sich direkt mit dem Problem der Arbeitslosigkeit beschäftigen, zusammen. Es beauftragte den „Centre interfacultaire de gérontologie" der Universität Genf, eine Vorstudie zu realisieren. Die Hauptzwecke dieser Vorstudie waren, ein Forschungsprogramm und eine kritische Bestandesaufnahme der bestehenden Kenntnisse zum Thema Langzeitarbeitslosigkeit zu erarbeiten. Ecoeur (1994) kam in dieser Vorstudie zum Schluss, dass die Forschungsarbeiten über Langzeitarbeitslose unbedingt durch solche über Ausgesteuerte ergänzt werden müssen. Während die Kenntnisse über die Arbeitslosen an sich relativ gut sind, gibt es über die Langzeitarbeitslosen und vor allem über die Ausgesteuerten fast keine Informationen. Gemäss Ecoeur (1994) muss der erste Arbeitsschritt darin bestehen, für jede Kategorie der Ausgesteuerten ein Profil zu erstellen.

In der Folge wurde ein Programm von acht verschiedenen Forschungsprojekten ausgearbeitet. Dabei sollten zwei unterschiedliche Arten der Analyse eingesetzt werden: Einerseits eine statistische Querschnitt-Analyse, die eine Momentan-Aufnahme der bestehenden Situation liefert, andererseits ein Längsschnitt-Ansatz, der den einzelnen Personen auf eine mehr qualitative Art nachgeht. Die acht Projekte dieses Forschungsprogramms ergänzen sich, können aber, je nach Geldmittel und Prioritäten, unabhängig voneinander verwirklicht werden. Die verschiedenen Projekte befassen sich mit unterschiedlichen Themen, z. B. mit den Teilnehmern der Beschäftigungsprogramme, mit den Bezügern von Arbeitslosenhilfe oder von Fürsorgeleistungen, mit den Älteren, den Jungen und den Frauen unter den Ausgesteuerten.

Im November 1994 schloss sich der Kanton Genf dem Forschungsprojekt „Die Situation der Ausgesteuerten", dessen Resultate im vorliegenden Bericht dargestellt werden, an. Damit wird ein Teil des Forschungsprogramms, das vom Kanton Genf vorgesehen ist, in die Tat umgesetzt.

Gegenwärtig läuft auch im Kanton Neuenburg eine Studie, die sich vor allem der Arbeitslosigkeit unter jungen Menschen widmet. Gemäss Hainard (1994) bezweckt dieses Projekt einerseits Massnahmen, die junge arbeitslose Schulabgänger ins Erwerbsleben eingliedern sollen, auszuwerten und andererseits eine neugegründete Institution zur Wiedereingliederung von Arbeitslosen, die über eine Ausbildung als Uhrmacher-Reparateur verfügen, wissenschaftlich zu begleiten. Es war eine Zusammenarbeit mit der Universität der Freigrafschaft (im benachbarten Frankreich) vorgesehen, um diese Forschungsarbeit gleichzeitig in der Freigrafschaft und im Neuenburger Jura durchzuführen. Wegen der fehlenden Finanzierung wurde das Vorhaben aber auf das schweizerische Gebiet beschränkt.

Das Forschungsprojekt will die Strategien, Vorstellungen und Werte, aus denen heraus die verschiedenen von der Arbeitslosigkeit betroffenen Personen und Institutionen handeln, erfassen, wenn es diese beiden Eingliederungsversuche auswertet. Es besteht aus drei Teilen: In der ersten Phase wird das Problem der Arbeitslosigkeit in den betreffenden Regionen nach wirtschaftlichen und soziologischen Gesichtspunkten charakterisiert. In der zweiten Phase werden die Strategien zur Eindämmung der Arbeitslosigkeit der verschiedenen betroffenen Personen und Institutionen geklärt. Ausserdem werden die Massnahmen der Behörden zur Bekämpfung der Arbeitslosigkeit auf ihre Wirksamkeit geprüft. In der dritten Phase werden die Erkenntnisse, die in den beiden vorangehenden Phasen am Beispiel von mehreren Eingliederungs-Projekten für Arbeitslose (darunter auch das Weiterbildungs-Zentrum für arbeitslose erwachsene Uhrmacher-Reparateure aus der Schweiz und aus Frankreich) gewonnen wurden, zusammengestellt, um eine Perspektive für die Zukunft zu geben.

Barenco (1992) versuchte in seiner Studie, die grosse Zunahme der Arbeitslosenquote im Kanton Waadt zu erklären. Im Kanton Waadt war die Arbeitslosenquote im März 1992 fünf Mal grösser als zwei Jahre vorher. Wie in der ganzen Schweiz schlug die Arbeitslosenquote alle Rekorde der Nachkriegszeit. Gemäss Barenco (1992) bestimmen verschiedene Umstände diese Situation und den komplexen Charakter der Arbeitslosigkeit. Die drei wichtigsten davon sind: Die Struktur der ausländischen Arbeitskräfte habe sich tiefgreifend umgestaltet; die ausländischen Arbeitnehmer spielten nicht mehr die Rolle des Konjunktur-Puffers (wie es noch in den Siebziger-Jahren der Fall gewesen sei). Das neue Arbeitslosenversicherungsgesetz, das 1984 in Kraft trat, habe das Anrecht auf Taggelder und die Palette der Leistungsarten erweitert. Schliesslich habe sich das Verhalten gegenüber der Arbeitslosigkeit verändert, denn diese erscheine mehr und mehr als ein möglicher Unfall im Erwerbsleben und nicht mehr als Makel. Deshalb werde die Arbeitslosenversicherung häufiger als früher in Anspruch genommen.

Sheldon (1991) stellte in einer Längsschnitt-Untersuchung fest, dass Arbeitslose zwar überdurchschnittlich oft in die Armut abgleiten, aber verhältnismässig kurz darin verbleiben. Die Dauer der Armut von Arbeitslosen ist um 60 % kürzer als die durchschnittliche Dauer aller erfassten Fälle. Sheldon (1991) vermutet, dass es Arbeitslosen in der Regel gelingt, ihre wirtschaftliche Situation nach einiger Zeit aus eigener Kraft zu verbessern.

Die Autoren der Arbeit des Büros für arbeits- und sozialpolitische Studien (1993) über die Auswirkungen der Arbeitslosigkeit auf den Finanzhaushalt der Stadt Bern kamen zum Schluss, die Arbeitslosigkeit komme den Staat umso teurer zu stehen, je länger sie andauere. Es fallen ihm nicht nur immer mehr Ausgaben an, z. B. für Fürsorgeleistungen, sondern er verliert auch Steuereinnahmen. In der Studie wurde berechnet, dass die öffentliche Hand im Durchschnitt 46'000 Franken für jeden Arbeitslosen aufwendet. Da das Durchschnittseinkommen vor der Arbeitslosigkeit 44'400 Franken betragen habe, käme es laut den Autoren dem Staat sogar billiger, alle Arbeitslosen zum bisherigen Lohn zu beschäftigen. Schon dies allein wäre Grund genug, dass die staatlichen Stellen alles daran setzen, die Arbeitslosigkeit möglichst kurz zu halten und damit Aussteuerungen und hohe Ausgaben für die Fürsorge zu vermeiden.

In der Bundesrepublik Deutschland gibt es bereits spezielle Projekte, die arbeitslose Sozialhilfeempfänger wieder in die Arbeitswelt eingliedern sollen. Praktikumsähnliche Arbeitsmöglichkeiten und Aus- bzw. Weiterbildung werden mit sozialpädagogischer Begleitung und 'infrastrukturellen Hilfen' wie Zuschüsse für die Kinderbetreuung kombiniert. Gemäss Lüsebrink (1993) ergeben sich dadurch schon im zweiten Jahr nach dem Ende solcher Massnahmen Amortisationseffekte wie Einsparungen im Sozialetat.

Laut Schmid, Krömmelbein et al. (1992) hat sich das traditionelle arbeitsmarktpolitische Instrumentarium wie Weiterbildung und Umschulung, Lohnsubventionen und Arbeitsbeschaffungsmassnahmen bei der Bekämpfung der Langzeitarbeitslosigkeit in der Bundesrepublik Deutschland oft als unwirksam erwiesen, ganz besonders bei den älteren und schwervermittelbaren Arbeitslosen und bei Personen, die schon mehr als zwei Jahre lang arbeitslos sind. Für diese Gruppen von Langzeitarbeitslosen wurde deshalb ein Sonderprogramm erarbeitet, das neben Vermittlung und Qualifizierung grosses Gewicht auf die Betreuung der betroffenen Menschen legt. Es wird in Zukunft noch vermehrte Anstrengungen brauchen, um neue Wege im Umgang mit Langzeitarbeitslosen und Ausgesteuerten zu finden.

In der Schweiz sind die Ausländer mit einem Anteil von 60 % unter den Ausgesteuerten stark übervertreten. Untersuchungen zum Wegzug von ausländischen Ausgesteuerten aus der Schweiz wurden nur für ein Jahr und nur im Kanton Aargau (KIGA Aargau, 1985) durchgeführt. Dabei zeigte sich, dass 6 % der ausländischen Ausgesteuerten des Jahres 1985 bis zum Zeitpunkt der Untersuchung ins Ausland ausgereist waren.

3. Fragestellung, Methode und Durchführung

3.1 Fragestellung

Die Auftraggeber der vorliegenden Arbeit sind:

Kantonales Amt für Industrie, Gewerbe und Arbeit Baselland,

Kantonales Arbeitsamt Basel-Stadt,

Amt für Wirtschaft und Arbeit des Kantons Solothurn,

Industrie-, Gewerbe- und Arbeitsamt des Kantons Aargau,

Kantonales Amt für Industrie, Gewerbe und Arbeit Bern,

Industrie-, Handels- und Gewerbedepartement des Kantons Freiburg,

Dienststelle Industrie, Handel und Arbeit des Kantons Wallis und

Volkswirtschaftsdepartement des Kantons Genf.

Die Untersuchung wurde in den oben genannten acht Kantonen (Bern Teilgebiet) durchgeführt. Die Hauptfragestellung des Forschungsprojektes ist:

Was geschieht mit den Arbeitslosen, die von der Arbeitslosenversicherung ausgesteuert wurden (Ausgesteuerte) nach ihrer Aussteuerung?

Hierzu wurden die *vorhandenen Daten* des Bundesamtes für Industrie-, Gewerbe und Arbeit (BIGA) und des Bundesamtes für Ausländerfragen (BFA) *ausgewertet*, eine *eigene Erhebung* bei den Arbeitsämtern und Fürsorgeämtern, *Gruppendiskussionen* mit Betroffenen und eine schriftliche *Befragung* der Ausgesteuerten durchgeführt.

In einem ersten Schritt wurde aus den vorhandenen Daten des Bundesamtes für Industrie, Gewerbe und Arbeit ermittelt, wie viele Personen im Zeitraum Januar 1993 bis November 1994 in den Kantonen Basel-Stadt, Basel-Landschaft, Solothurn, Aargau, Bern, Freiburg, Wallis und Genf von der Aussteuerung betroffen sind. Hier stellten sich die folgenden Fragen:

Welches sind die persönlichen und sozialen Merkmale der Ausgesteuerten? Welche sozioökonomischen Gruppen sind über-, welche Gruppen sind untervertreten?

In einem weiteren Schritt wurde aus den Daten in den Ämtern festgestellt, wieviele der ausländischen Ausgesteuerten ins Ausland verreist und wieviele Ausgesteuerte bei der Arbeitslosenhilfe und/oder bei der Fürsorge registriert sind.

Im Zusammenhang mit der Inanspruchnahme der Unterstützungsinstitutionen durch die Ausgesteuerten wurden insbesondere die folgenden Fragestellungen bearbeitet:

In den Kantonen Basel-Stadt, Basel-Landschaft, Solothurn, Freiburg, Wallis und Genf, wo eine kantonale Arbeitslosenhilfe eingerichtet wurde:

Wieviele Ausgesteuerte aus einer repräsentativen Stichprobe des betrachteten Zeitraums in den genannten Kantonen stellten einen Antrag auf kantonale Arbeitslosenhilfe?

Wieviele davon erhielten kantonale Arbeitslosenhilfe?

Wieviele davon sind bereits auch bei der kantonalen Arbeitslosenhilfe ausgesteuert? Was sind die anderen Abmeldegründe?

In allen Kantonen:

44

Wieviele Ausgesteuerte aus einer repräsentativen Stichprobe stellten einen Antrag auf Unterstützung durch die Fürsorge und wieviele erhielten oder erhalten von der Fürsorge Unterstützung?

Um der besonderen Situation im Kanton Genf Rechnung zu tragen, wurde dort zusätzlich eine *Erhebung* über die Teilnahme an Beschäftigungsprogrammen durch die Ausgesteuerten durchgeführt.

In jedem der acht Kantone fand eine *Gruppendiskussion* statt. Diese Gruppendiskussion hatte zum einem das Ziel, direkte Kontakte mit Betroffenen zu knüpfen. Zum anderen hatten direkt Betroffene Gelegenheit zur Diskussion und Stellungnahme aus ihrer Sicht. Im Vordergrund standen die folgenden Fragen an die Betroffenen:

Wie wird die Aussteuerung erlebt? Womit wird der Lebensunterhalt bestritten? Welche Probleme stellten sich bei der Stellensuche für Personen, die eine Stelle gefunden haben und für Personen ohne Arbeit?
Wie haben sie das Arbeitsamt und seine Mitarbeiter/Mitarbeiterinnen erlebt? Welche Vorschläge, Anregungen und Kritiken ergaben sich daraus für das Arbeitsamt?

In einem letzten Schritt wurden die von der Aussteuerung Betroffenen, die repräsentativ zufällig ausgewählt wurden, mit einem *Fragebogen* schriftlich befragt. Der Fragebogen wurde zuerst einem Pretest unterzogen. Hierzu waren insbesondere die Kontakte mit direkt Betroffenen aufgrund der Gruppendiskussionen sehr hilfreich. Die Fragestellungen dieser Forschungsstufe lauteten:

Wie ist die Situation der Ausgesteuerten?

Welches sind die Merkmale der Ausgesteuerten, die wieder eine Stelle haben? Welches sind die Merkmale derjenigen, die weiterhin ohne Arbeit bleiben? Wie lange benötigen die Betroffenen, eine Arbeit zu finden?

Für diejenigen, die eine neue Stelle gefunden haben, war von besonderen Interesse:

Wann fanden sie die neue Stelle?

Mussten sie den Beruf wechseln?

Verdienten sie mehr, gleich viel oder weniger als vorher?

Entspricht die neue Stelle ihren Vorstellungen? Sind sie mit ihrer neuen Arbeit zufrieden?

Für diejenigen, die keine neue Stelle haben:

Welches sind die hauptsächlichen Probleme bei der Suche?

Wovon wird der Lebensunterhalt bestritten?

Auf welche Art haben sie sich eingeschränkt?

Und suchen sie weiterhin nach Arbeit?

Für alle Befragten:

Haben sie Kurse besucht, oder haben sie an einem Beschäftigungsprogramm teilgenommen?

Bezogen sie Arbeitslosenhilfe oder Fürsorge?

Wie haben sie die Aussteuerung erlebt und wie reagierte die Umgebung auf ihre Situation?

3.2   Methodik

Zu jeder Forschungsstufe wurde eine spezifische Methodik zur quantitativen und qualitativen Erfassung und Beschreibung der Situation der Ausgesteuerten eingesetzt.

Die Bestimmung der Anzahl der Ausgesteuerten in den acht Kantonen wurde mit Hilfe der zentralen Datenbanken des BIGA durchgeführt. Die Ermittlung der Arbeitslosen, die ihren Höchstanspruch an Arbeitslosentaggeldern erreicht haben und deshalb ausgesteuert wurden, basiert auf den dort zentral gespeicherten Informationen der ASAL-Datenbank (Auszahlungssystem der Arbeitslosenkassen). Die ASAL-Datenbank ist eine Bezügerdatei. Sie hat Informationen über erhaltene Zahlungen, sozioökonomische Merkmale und Adressen der Arbeitslosen gespeichert. Ergänzt werden diese Informationen durch die AVAM-Datenbank des BIGA (Datenbanksystem zur Arbeitsvermittlung und Arbeitsmarktstatistik). Beide Datenbanken sind über eine eineindeutige Personennummer verknüpfbar.

Personen, die keine Arbeitslosenentschädigung mehr bekommen, weil die seit dem Zugang in die Arbeitslosigkeit beginnende zweijährige Rahmenfrist abgelaufen ist, zählen in dieser Datenbank und gemäss der verwendeten Definition (vgl. Kapitel 1.1) nicht zu den Ausgesteuerten. Als „ausgesteuert" gelten in der vorliegenden Arbeit nur Personen, die von der schweizerischen Arbeitslosenversicherung die Höchstzahl der ihnen zustehenden Taggelder bezogen und kein Anrecht auf weitere Taggelder haben.

Zusätzliche Auswertungen in Zusammenarbeit mit dem BIGA haben ergeben, dass die in dieser Arbeit vorliegenden Ergebnisse um ca. 10 bis 12 Prozent höher lägen, würden auch Personen, deren Rahmenfrist endete, mit in die Definition der „Ausgesteuerten" einbezogen werden.

Die ASAL-Datenbank mit ihren gespeicherten Informationen über die von der Arbeitslosenversicherung ausgesteuerten Personen diente als Ausgangspunkt der verschiedenen Forschungsschritte. Aufgrund der AHV-Nummer ist eine Verknüpfung mit dem Zentralen Ausländerregister des Bundesamtes für Ausländerfragen (BFA) möglich. Damit ist gewährleistet, die Anzahl der ausländischen Ausgesteuerten, die bis zu einem bestimmten Zeitpunkt ins Ausland verreist sind, quantitativ zu erfassen.

Die AVAM-/ASAL-Datenbanken dienten ferner als Grundlage zur Ziehung einer repräsentativen Auswahl von Personen, um weitere Erhebungen bei den Ämtern in den Kantonen durchzuführen, Betroffene für die Gruppendiskussionen einzuladen und eine repräsentative Stichprobe für die schriftliche Befragung der Ausgesteuerten zu ziehen.

Die Inanspruchnahme der Arbeitslosenhilfe (Nothilfe in Solothurn) durch die Ausgesteuerten wurde mittels einer *Erhebung* bei den Arbeitsämtern der Kantone Basel-Stadt, Basel-Landschaft, Solothurn, Freiburg, Wallis und Genf durchgeführt. Im Kanton Bern und Aargau entfällt diese Erhebung, da es dort keine Arbeitslosenhilfe gibt. Die Erhebung erfolgte mittels eines für dieses Projekt entwickelten Erhebungsbogens (vgl. Anhang). Auf diesen Fragebogen wurden die Namen, AHV-Nummern und Adressen von zufällig ausgewählten ausgesteuerten Personen übertragen. Die Mitarbeiter des kantonalen Arbeitsamtes wurden gebeten, zu jeder auf der Liste aufgeführten Person Angaben darüber zu machen,

48

ob die/der Betreffende seit der Aussteuerung bis zum Erhebungszeitpunkt (Januar 1995) ein Gesuch um Arbeitslosenhilfe gestellt und ggf. kantonale Arbeitslosenhilfe bezogen hat.

Falls Arbeitslosenhilfe bezogen wurde, in welchen Monaten des Zeitraums Januar 1993 bis Januar 1995 wurden die Leistungen bezogen? Wie hoch war der das letzte (reguläre) Taggeld?

Falls kantonale Arbeitslosenhilfe bezogen wurde, inzwischen aber keine Leistungen mehr gewährt wurden, welches ist der Abmeldegrund?

Die Erhebung über die Inanspruchnahme von Fürsorgeleistungen (Sozialhilfe) durch die Ausgesteuerten in allen acht Kantonen wurde entweder dezentral bei den Sozialämtern in den Gemeinden (Basel-Stadt, Bern, Aargau für Schweizer, Freiburg teilweise) bzw. bei den Sozialmedizinischen Regionalzentren (Wallis) oder zentral bei den Fürsorgeämtern der Kantone (Basel-Landschaft, Solothurn, Genf, Aargau für Ausländer, Freiburg teilweise) durchgeführt. Im Kanton Bern wurden nur die Bezirke Courtelary, Moutier, La Neuveville, Biel und die Städte Bern, Thun und Langenthal einbezogen. Auf dem speziell entwickelten Erhebungsbogen zur Inanspruchnahme von Fürsorgeleistungen wurden wieder die Namen, AHV-Nummern und Adressen der zufällig ausgewählten Personen übertragen. Die Mitarbeiter der Fürsorgeämter wurden gebeten, zu jeder auf der Liste aufgeführten Person Angaben darüber zu machen,

ob die/der Betreffende seit dem Januar 1992 bis zum Erhebungszeitpunkt (Januar 1995) ein Gesuch um Fürsorge gestellt und ggf. Fürsorgeleistungen bezogen hat.

Falls Fürsorgeleistungen bezogen wurden, in welchen Monaten des Zeitraums 1992 bis Januar 1995 wurden die Leistungen bezogen? In einigen Kantonen erklärten sich die Fürsorgeämter freundlicherweise bereit, ebenfalls den (durchschnittlichen monatlichen) Fürsorgebetrag zu übermitteln.

In die Erhebung bei der Fürsorge wurden die gleichen Personen wie in der Stichprobe für die Erhebung zur Arbeitslosenhilfe einbezogen. Lediglich in den Kantonen Aargau und Bern, wo es keine Arbeitslosenhilfe gibt, wurde die repräsentative Stichprobe nur für die Erhebung bei der Fürsorge gezogen. Um den Datenschutz Rechnung zu tragen, erhielt jede Person bei *beiden Erhebungen* eine anonyme Nummer. Der Name, die AHV-Nummer und die Adresse des „Betreffenden" auf dem Bogen konnte von den Informationen über die Inanspruchnahme von Leistungen getrennt werden. Die neuen gewonnen Informationen wurden von der Forschungsgruppe nur in Verbindung mit der anonymen Personennummer gespeichert. Die Daten über Arbeitslosenhilfe und Fürsorge konnten demnach aufgrund der anonymen Personennummer auch mit den sozioökonomischen Daten aus der Bezügerdatei des BIGA verknüpft werden.

Für den Kanton Genf wurde zusätzlich eine Erhebung über die Teilnahme der Ausgesteuerten an Beschäftigungsprogrammen durchgeführt. Hierzu wurden die Mitarbeiter des Arbeitsamtes gebeten, zu jeder auf der Liste aufgeführten Person Angaben darüber zu machen,

ob die/der Betreffende seit Januar 1993 bis zum Erhebungszeitpunkt (Januar 1995) ein Gesuch um Teilnahme an einem Beschäftigungsprogramm gestellt und ggf. daran teilgenommen hat.

Falls eine Teilnahme erfolgte, in welchen Monaten des Zeitraums Januar 1993 bis Januar 1995 nahm der Betreffende teil? Zusätzlich wurden Angaben über die Höhe des bezahlten Bruttobetrags, den Abmeldegrund und das aufgrund des Beschäftigungsprogramms neu resultierende Anrecht auf Arbeitslosengeld gewünscht.

Zur *Gruppendiskussion* wurden pro Kanton jeweils 100 Schweizer und 50 Ausländer angeschrieben (Zum Einladungsbrief vgl. den Anhang). Bei der Auswahl handelt es sich um eine geschichtete Stichprobe mit dem Schichtungsmerkmal Nationalität (Schweizer/Ausländer). Schweizer sind in der Stichprobe eindeutig übervertreten, weil von einer höheren Erfolgsquote (Teilnehmer pro Brief) unter den Schweizern ausgegangen wurde und die Versandkosten nicht zu hoch sein sollten. Insgesamt nahmen in allen acht Kantonen 46 Schweizer (800 versandte Einladungen) und drei Ausländer (400 versandte Einladungen) teil.

Die Gruppendiskussionen fanden in Basel, Liestal, Solothurn, Aarau, Biel, Freiburg, Martigny und Genf im Frühjahr 1995 statt. Sie dienten u.a. dem Zweck, zusätzliche ergänzende, qualitative Ergebnisse und Hinweise für den nachfolgenden Fragebogen zu gewinnen. An den Gruppendiskussionen nahmen pro Kanton zwischen 3 und 11 Personen teil. Sie wurden auf schweizerdeutsch in der Nordwestschweiz und auf französisch in der Westschweiz durchgeführt. Soziale, kirchliche oder öffentliche Einrichtungen stellten freundlicherweise gegen ein geringes Entgelt oder kostenlos die Räumlichkeiten zur Verfügung.

Ein weiteres wichtiges Erhebungsinstrument war die repräsentative *schriftliche Befragung* von zufällig ausgewählten Ausgesteuerten mit einem Fragebogen (zum Fragebogen vgl. den Anhang). Die zufällige Stichprobenauswahl der Personen erfolgte wiederum aus der ASAL-Datenbank. Zu jedem Kanton wurden 760 Personen gezogen. Ausländische Betroffene, die gemäss Zentralem Ausländerregister die Schweiz verlassen haben, wurden aus dem Adressregister entfernt. In jedem der acht Kantone wurden jeweils zwischen 729 und 747 Personen angeschrieben und gebeten, den 10-seitigen Fragebogen zu beantworten. Dieser Fragebogen war in deutscher, französischer, italienischer, spanischer und türkischer Sprache erhältlich. Die Befragung geschah anonym. Der Fragebogen enthielt weder einen Namen noch eine Registriernummer. Eine Verknüpfung mit anderen Datenbanken war und ist nicht möglich.

Der Fragebogen ist in verschiedene Fragestellungen gegliedert. Am Anfang stehen die Fragen zum Aussteuerungsdatum und dem derzeitigen Erwerbstatus. Im Anschluss daran folgen Fragen nur für Personen mit Arbeit und Fragen nur für Personen ohne Arbeit. Am Ende des Fragebogens befinden sich wiederum Fragen für alle einschliesslich der sozioökonomischen Statistikfragen. Die Befragung umfasst subjektive, qualitative und quantitative Fragestellungen.

3.3   Stichprobe und Auswertung

Die Quantifizierung der Anzahl der Ausgesteuerten (Kapitel 4) erfolgte aus der ASAL-Datenbank (Vollerhebung). Die Erfassung der Ausgesteuerten und die Erfassung ihrer Merkmale im Kapitel 4 wurde auf der Basis einer Vollerhebung vorgenommen. Im Kapitel 4 wird der gesamte Kanton Bern betrachtet im Gegensatz zu den nachfolgenden Forschungsschritten Gruppendiskussion, Erhebung und Fragebogen.

3.3.1 Stichprobe der Erhebung bei Arbeitslosenhilfe und Fürsorge

Die realisierte Stichprobe (in Klammern die gezogene Stichprobe) für die *Erhebung* bei Arbeitslosenhilfe, Fürsorge und ggf. Beschäftigungsprogrammen bei den Ämtern umfasst:

803 (803) Ausgesteuerte im Kanton Basel-Stadt,

684 (684) Ausgesteuerte im Kanton Basel-Landschaft,

721 (721) Ausgesteuerte im Kanton Solothurn,

866 (926) Ausgesteuerte im Kanton Aargau,

911 (918) Ausgesteuerte im Kanton Bern,

720 (767) Ausgesteuerte im Kanton Freiburg,

784 (806) Ausgesteuerte im Kanton Wallis und

1095 (1095) Ausgesteuerte im Kanton Genf.

Die Stichprobe wurde zufällig gezogen. Die Stichprobengrösse für jeden Kanton wurde so gewählt, dass das Vertrauensintervall für einen bestimmten Anteilswert α (z. B. 30 %) beim Signifikanzniveau von 5 % vom Anteilswert α nicht mehr als absolut um ε (z. B. 2,5 %) abweicht. Dadurch ergeben sich in Abhängigkeit von der Grundgesamtheit in den einzelnen Kantonen die oben gezogenen Stichprobenumfänge. Die Rücklaufquote bei den Erhebungen liegt zwischen 94 % für den Kanton Aargau und 100 % (Basel-Stadt, Basel-Landschaft, Solothurn und Genf). Rücklaufquoten unter 100 % wurden ausschliesslich in Kantonen mit dezentraler Erfassung erzielt (Aargau, Bern, Freiburg und Wallis). Die Erhebung im Kanton Bern umfasst ausschliesslich die Bezirke Courtelary, Moutier, La Neuveville, Biel und die Städte Bern, Thun und Langenthal. Die Erhebung erfolgte ab Januar 1995. Bei zeitlichen Verzögerungen wurde als Erfassungsstichmonat der Januar 1995 gesetzt.

3.3.2 Stichprobe der Befragung von Ausgesteuerten

Die direkte schriftliche Befragung der Ausgesteuerten fand im Juni 1995 statt. Zu jedem Kanton wurden 760 Personen zufällig gezogen. Dem Fragebogen wurde ein Begleitschreiben der Forschungsgruppe, ein Begleitschreiben des jeweiligen Arbeitsamtchefs und ein mit Briefmarken frankierter oder ein pauschalfrankierter Rükkumschlag beigelegt. Die Wahl des Umschlages bzw. Rückumschlages (mit Marken frankierter Umschlag oder pauschalfrankierter Umschlag) hatte anders als erwartet keinen Einfluss auf die Rücklaufquote. Sicherlich einen Einfluss auf die Rücklaufquote hatte ein zweites Schreiben der Forschungsgruppe, das gleichzeitig als Dank und Mahnung diente und an alle Personen der Stichprobe gerichtet war. Fragebogen und Begleitbrief der Forschungsgruppe befinden sich im Anhang.

Die Befragung im Kanton Bern umfasst wiederum die Bezirke Courtelary, Moutier, La Neuveville, Biel und die Städte Bern, Thun und Langenthal.

Details über die angeschriebenen Personen und den Rücklauf zur Befragung sind der Tabelle 1 zu entnehmen. Die Ausgangsstichprobe entspricht der Anzahl der gezogenen Personen (760 pro Kanton). „Nicht-Erreichbare" sind einerseits unter den Ausländern jene, die gemäss Ausländerstatistik (vgl. auch Kapitel 4) aus der Schweiz ausgereist sind. Diese sind im vornherein nicht angeschrieben worden. Andererseits umfasst diese Gruppe auch jene Personen (Schweizer und Ausländer), deren Nachsendefrist nach einem Wegzug abgelaufen ist, die ohne Adressangabe abgereist sind oder gestorben sind. Letzteres konnte durch von der Post aufgeklebte Informationen auf den versandten und wieder zurückgekommenen Briefen eruiert werden. Die Anzahl der „Erreichbaren" ist die Differenz zwischen der Ausgangsstichprobe und den „Nicht-Erreichbaren". Die Anzahl der realisierten Befragungen entspricht der Anzahl der in der Auswertung berücksichtigten Rückantworten. In den letzten Zeilen sind die Rücklaufquoten in Prozent zur Ausgangsstichprobe bzw. in Prozent zu den „Erreichbaren" angegeben. Die Rücklaufquote bezogen auf die Erreichbaren liegt zwischen 25 % im Kanton Aargau und 30 % im Kanton Basel-Stadt. Das Maximum ist unter den Schweizern mit 38 % im Kanton Basel-Stadt zu verzeichnen. Im Vergleich zu teuren telefonischen oder persönlichen Befragungen ist die Ausbeute mit ca. 25 % eher tief. Die Ausbeute entspricht aber dem Durchschnitt der Rücklaufquoten bei schriftlichen Befragungen und kann somit als gut bezeichnet werden.

Tabelle 1: Rücklaufquote

	Schweizer	Ausländer	Total
Ausgangsstichprobe	3266	2814	6080
Nicht Erreichbare *	286	409	695
Erreichbare	2980	2405	5385
Realisierte Befragungen	999	529	1528
in % der Ausgangsstichprobe	31	19	25
in % der erreichbaren Personen	34	22	28

* Wegzüge, Gestorbene

Es ist nicht davon auszugehen, dass die aus der Befragung erhaltenen Resultate zu Verzerrungen führen. Vergleiche mit der vom KIGA Aargau durchgeführten Untersuchung (KIGA Aargau, 1995, Rücklaufquote 89 %) haben Übereinstimmungen mit den vorliegenden Resultaten in wichtigen Fragen gezeigt (z. B. im Anteil der Personen, die nach 6 Monaten eine Arbeit haben). Der Anteil der Bezüger von Fürsorge gemäss Frage 13k im Fragebogen weist ebenfalls keine Unterschiede zu den Ergebnissen der Erhebung bei den Ämtern auf.

3.3.3 Auswertung

Sämtliche Auswertungen zu den durchgeführten Erhebungen und Befragungen wurden mit Hilfe des SPSS-Programmpaketes auf dem Grossrechner des Amtes für Informatik des Kantons Basel-Stadt durchgeführt. Im wesentlichen wurden Häufigkeitsauszählungen zur Quantifizierung und Kreuztabellen zur Beschreibung und zur Überprüfung von Hypothesen verwendet. Um Gruppenunterschiede festzustellen, wurde der Zusammenhang zwischen zwei Variablen (in Kreuztabellen) dem Chi-Quadrat-Test unterzogen. Im Text wird hierzu jeweils die Irrtumswahrscheinlichkeit angegeben.

Zur Abklärung der Repräsentativität der Befragung wurden Konfidenzintervalle für die Anteilswerte berechnet. Hierzu wurde stets überprüft, ob die Konfidenzintervalle der Anteilswerte unter den Antwortenden die Anteile der Grundgesamtheit abdecken. In diesem Fall weichen die Anteilswerte in der Befragung nicht von denen der Grundgesamtheit ab.

Zur Analyse des Verbleibs in einem Zustand wurden Verbleibkurven bzw. Daten zum Verbleib in Abhängigkeit von Zeitdauern mit Hilfe des SPSS-Programmpaketes ermittelt. Mit diesen Analysen ist zu erkennen, wie sich der Anteil der Ausgesteuerten ohne Arbeit im zeitlichen Verlauf nach der Aussteuerung entwickelt.

4. Die Ausgesteuerten und ihre Merkmale

4.1 Erfassung und Anzahl der Ausgesteuerten

Die Ermittlung der Arbeitslosen, die ihren Höchstanspruch an Arbeitslosentaggeldern erreicht haben und deshalb ausgesteuert wurden, basiert auf den gespeicherten Informationen der zentralen ASAL- und AVAM-Datenbanken. Eine entsprechende Information, nämlich das Aussteuerungsdatum, das darüber Auskunft gibt, ob jemand ausgesteuert wurde, enthält die ASAL-Datenbank. Zuverlässige Angaben über ausgesteuerte Personen sind jedoch erst seit der ASAL-Neukonzeption, die am 1. Januar 1993 in Betrieb genommen wurde, verfügbar.

Gemäss der ASAL-Datenbank wurden im untersuchten Zeitraum in den betrachteten acht Kantonen 26'338 Personen ausgesteuert (vgl. Tabelle 2).

Tabelle 2: Anzahl der Ausgesteuerten in den betrachteten Kantonen

	AG	BE*	BL	BS	FR	GE	SO	VS	Total**
1993	1'246	2'231	558	863	747	2'497	704	853	9'699
1994	2'100	3'954	1'028	1'366	1'327	4'340	1'072	1'452	16'639

* Bern: Gesamter Kanton Bern   ** Total: alle 8 Kantone

Die absoluten Zahlen über die Ausgesteuerten in jedem Kanton lassen jedoch keinen interkantonalen Vergleich über den Umfang der von der Aussteuerung Betroffenen zu. Hierzu sind Grössenbereinigungen notwendig. Zu diesem Zweck wird die Anzahl der Ausgesteuerten mit der Anzahl der Erwerbspersonen verglichen (vgl. die nachfolgende Kennziffer). Die für jeden Kanton ermittelten Verhältniszahlen (Zähler in der Formel) werden auf das Verhältnis in allen acht Kantonen normiert. Werte kleiner eins bedeuten somit, die Anzahl der von der Aussteuerung Betroffenen ist im betrachteten Kanton interkantonal im Vergleich zur Anzahl der Erwerbspersonen unterdurchschnittlich. Werte grösser eins bedeuten, es sind im Vergleich zu den Erwerbspersonen in diesem Kanton überdurchschnittlich viele von der Aussteuerung betroffen. Die Ergebnisse der Berechnungen enthält Tabelle 3.

Formal berechnet sich die Kennziffer 1 wie folgt:

$$\text{Kennziffer 1:} \quad \frac{\dfrac{A_j}{Ei_j}}{\dfrac{A}{E}}, \text{ wobei}$$

Aj = Anzahl der in 1993 und 1994 von der Aussteuerung Betroffenen im Kanton j
A = Total der in 1993 und 1994 von der Aussteuerung Betroffenen über alle 8 Kantone
Ej = Erwerbstätige im Kanton j gemäss EVZ90
E = Total der Erwerbstätigen über alle 8 Kantone.

Tabelle 3: Von der Aussteuerung Betroffene im Vergleich zu den Erwerbspersonen

	AG	BE*	BL	BS	FR	GE	SO	VS	Total**
1993/94	0,72	0,74	0,75	1,28	1,14	1,96	0,86	1,10	1,00

* Bern: Gesamter Kanton Bern   ** Total: alle 8 Kantone

Im Kanton Genf sind im Vergleich zu allen acht Kantonen doppelt so viele Personen von der Aussteuerung betroffen (vgl. Tabelle 3). Überdurchschnittlich viele Ausgesteuerte sind ebenfalls in Basel-Stadt, Freiburg und Wallis zu verzeichnen, unterdurchschnittlich wenige dagegen in Solothurn, Basel-Landschaft, Bern und Aargau.

Die nachfolgenden Kurven zeigen die Anzahl der von der von Aussteuerung Betroffenen nach Monaten von Januar 1993 bis November 1994 in den einzelnen Kantonen und das Total aller acht Kantone. Personen, deren Rahmenfrist endete, ohne dass sie das Maximum von 170, 250, 300 bzw. 400 Taggeldern bezogen hatten, sind gemäss Definition in dieser Betrachtung ausgeklammert. Deutlich ist der Anstieg Ende zweites, anfangs drittes Quartal des Jahres 1993 zu erkennen. Dieser ist zum Teil bedingt durch den Dringlichen Bundesbeschluss, der dazu führte, dass sich die Aussteuerung zeitlich verzögerte. Die Zunahme ist aber vor allem auf die konjunkturelle Lage zurückzuführen, aufgrund der sowohl ein Anstieg der Zahl der Arbeitslosen als auch eine Verlängerung der Dauer der Arbeitslosigkeit zu verzeichnen waren. Der Rückgang in den letzten Monaten des Jahres 1994 ist nicht unbedingt als Besserung zu interpretieren. Diese Entwicklung kann heute noch nicht beurteilt werden, da die Meldungen der Arbeitslosenkassen zum Teil mit einer zeitlichen Verzögerung eingehen.

Abbildung 1: Ausgesteuerte nach Kantonen und Monaten im Längsschnitt

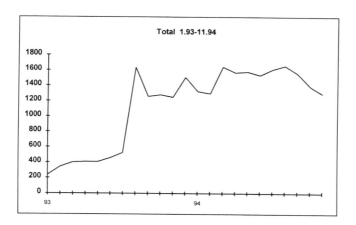

Abbildung 1: Ausgesteuerte nach Kantonen im Längsschnitt (Fortsetzung)

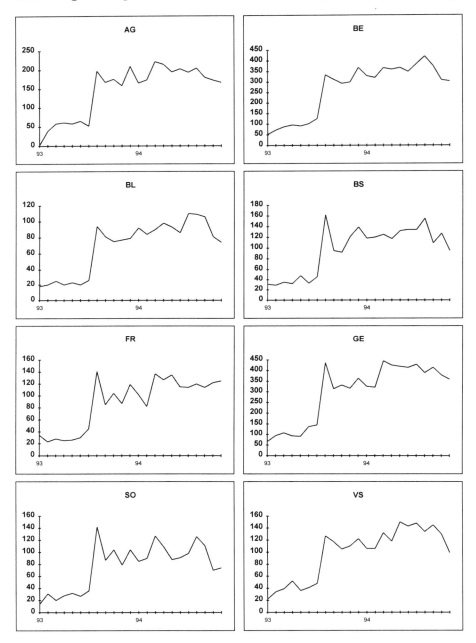

4.2. Merkmale der Ausgesteuerten

Im nun folgenden Abschnitt wird die Verteilung der persönlichen und sozialen Merkmale unter den Ausgesteuerten in den erfassten acht Kantonen betrachtet. Die Unterschiede in den Verteilungen zwischen den Kantonen sind für alle Merkmale signifikant (Irrtumswahrscheinlichkeit < 0,001 nach einem Chi-Quadrat-Test).

Die Beschreibung der Sachverhalte erfolgt mit Hilfe der Abbildungen 2 - 11. Eine Betrachtung von Anteilen allein verführt jedoch leicht zu Fehlurteilen. Welche sozioökonomischen Gruppen von der Aussteuerung am meisten betroffen sind, lässt sich nämlich erst durch einen Vergleich mit einer Referenzgrösse beurteilen. Zu diesem Zweck werden daher zusätzlich die Merkmale der von der Aussteuerung betroffenen Personen mit den Merkmalen der Zugänger in den Bestand der Arbeitslosen verglichen (Kennziffern gemäss Tabelle 4). Das Verhältnis dieser beiden Grössen der betrachteten Gruppe wird normiert auf das Verhältnis aller Personen. Damit deuten Werte grösser eins auf Personen, die unter den Ausgesteuerten überrepräsentiert, und Werte kleiner eins auf Personen, die untervertreten sind, hin. Die Tabelle erlaubt mindestens horizontale Betrachtungen, d.h. Vergleiche zwischen den Kantonen, und vertikale Betrachtungen, d.h. Vergleiche der sozioökonomischen Gruppen innerhalb eines Kantons.

Tabelle 4: Von der Aussteuerung Betroffene im Vergleich zu den Zugängern in die Arbeitslosigkeit

	AG	BE	BL	BS	FR	GE	SO	VS	Total
Total	0,94	0,87	1,02	1,12	1,05	1,40	0,95	0,68	1,00
Geschlecht:									
Männer	0,76	0,83	0,87	1,10	0,95	1,41	0,78	0,54	0,92
Frauen	1,20	0,93	1,23	1,15	1,19	1,38	1,21	0,88	1,12
Frauen:									
Ausländerinnen	2,02	1,61	2,48	1,60	1,84	1,37	2,25	0,96	1,64
Schweizerinnen	0,79	0,75	0,76	0,92	1,01	1,38	0,83	0,84	0,92
Nationalität:									
Ausländer	1,40	1,36	1,62	1,38	1,44	1,40	1,62	0,73	1,33
Schweizer	0,69	0,70	0,71	0,94	0,91	1,39	0,66	0,65	0,83
Bewilligung:									
Ausweis B	1,16	1,14	1,45	1,21	1,30	1,01	1,54	0,58	1,09
Ausweis C	1,52	1,58	1,73	1,51	1,50	1,53	1,72	0,82	1,47
Zivilstand:									
Ledig	0,51	0,56	0,60	0,78	0,70	1,16	0,53	0,52	0,67
Verheiratet	1,42	1,26	1,48	1,44	1,43	1,52	1,45	0,80	1,32
Verwitwet	1,78	1,30	1,65	1,24	1,43	1,96	1,41	0,88	1,48
Geschieden	1,19	1,29	1,43	1,61	1,57	1,81	1,18	1,01	1,42
Muttersprache:									
Deutsch	0,36	0,42	0,46	0,59	0,52	1,25	0,35	0,25	0,43
Französisch	0,78	0,97	0,69	0,89	0,68	1,21	1,30	0,56	0,92
Italienisch	0,56	1,19	0,80	0,70	0,98	1,19	0,91	0,77	0,91
Andere	2,68	2,28	2,80	2,26	2,66	1,84	3,05	1,20	2,19

Tabelle 4: Von der Aussteuerung Betroffene im Vergleich zu den Zugängern in die Arbeitslosigkeit (Fortsetzung)

	AG	BE	BL	BS	FR	GE	SO	VS	Total
Alter:									
15 - 29	0,57	0,51	0,66	0,69	0,66	0,95	0,60	0,52	0,63
30 - 49	1,16	1,14	1,30	1,35	1,44	1,62	1,21	0,81	1,25
50 und älter	1,82	1,71	1,67	2,08	1,88	2,04	1,67	0,94	1,75
Ausgeübte Funktion:									
Kader	0,79	0,72	1,02	1,59	1,16	1,32	0,66	0,43	0,93
Fachfunkt.	0,68	0,67	0,70	0,87	0,83	1,33	0,58	0,67	0,82
Hilfsfunkt.	1,42	1,37	1,70	1,48	1,52	1,77	1,48	0,71	1,39
Ausbildung	0,37	0,32	0,36	0,56	0,53	0,75	0,33	0,54	0,47
Andere	6,26	2,66	2,32	2,24	2,88	0,94	6,62	3,74	2,40
Qualifikation:									
Gelernt	0,64	0,62	0,67	0,90	0,77	1,30	0,54	0,62	0,76
Angelernt	0,68	0,57	0,68	0,56	0,92	0,71	0,71	0,67	0,67
Ungelernt	1,90	1,98	2,10	1,70	1,81	2,00	2,03	0,81	1,80
Mobilitätsbe-reitschaft:									
Nicht mobil	2,41	0,60	1,64	5,17	2,58	1,32	1,82	1,93	0,97*
Pendler	0,92	0,91	1,01	1,11	1,05	2,61	0,95	0,66	0,92*
Wohnort-wechsel	1,45	0,55	1,08	1,24	0,83	1,31	0,73	0,62	0,75*

* = ohne Kanton Genf

Formal berechnen sich die Kennziffern wie folgt:

$$\text{Kennziffer 2: } \frac{\dfrac{A_{ij}}{Z_{ij}}}{\dfrac{A}{Z}}, \text{ wobei}$$

A_{ij} =   Anzahl der in 1993 und 1994 von Aussteuerung Betroffenen einer sozioökonomischen Gruppe i im Kanton j

Z_{ij} =   Zugänger in die Arbeitslosigkeit der Jahre 1993 und 1994 der sozioökonomischen Gruppe i im Kanton j

A =   Total der von Aussteuerung Betroffenen über alle sozioökonomischen Gruppen und alle 8 Kantone

Z =   Zugänger in die Arbeitslosigkeit über alle sozioökonomischen Gruppen und alle 8 Kantone.

Die Ausgesteuerten der betrachteten acht Kantone verteilen sich nach dem Merkmal **Geschlecht** gemäss Abbildung 2. 46 % der Ausgesteuerten aller acht Kantone ("Total") sind Frauen. Die Anteile der Frauen bewegen sich zwischen 42 % im Kanton Basel-Stadt und 53 % im Kanton Aargau. Die Kantone Aargau, Basel-Landschaft, Freiburg, Solothurn und Wallis weisen besonders hohe Frauenanteile auf. Die Unterschiede unter den Kantonen sind signifikant (P< 0,001).

Frauen sind überdurchschnittlich von der Aussteuerung betroffen. Wie in bisherigen Studien schon festgestellt wurde, tragen sie einerseits ein höheres Risiko, arbeitslos zu werden, und andererseits sind sie auch länger arbeitslos (vgl. Sheldon 1993). Frauen sind im Vergleich zu den Männern unter den Ausgesteuerten in allen Kantonen mit Ausnahme von Genf übervertreten (vgl. Tabelle 4).

64

Abbildung 2: Verteilung der von der Aussteuerung Betroffenen nach Geschlecht

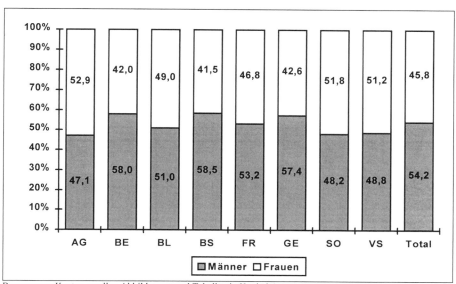

Bern: ganzer Kanton zu allen Abbildungen und Tabellen in Kapitel 4   Total: alle Kantone

Abbildung 3: Verteilung der von der Aussteuerung Betroffenen nach Nationalität

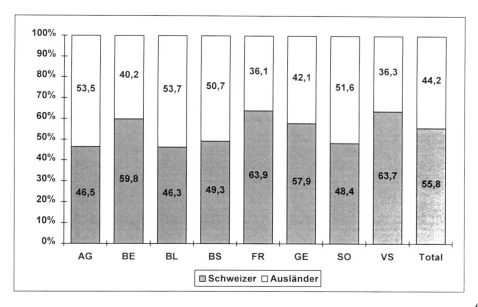

Abbildung 4: Verteilung der von der Aussteuerung betroffenen Ausländer nach Aufenthaltsstatus

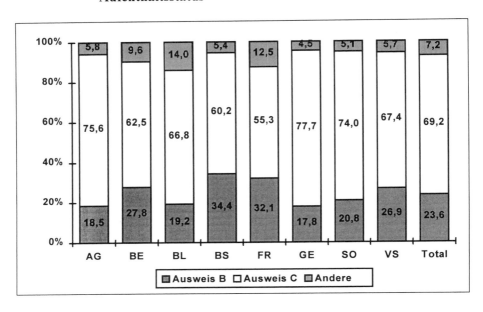

Abbildung 5: Verteilung der von der Aussteuerung Betroffenen nach Zivilstand

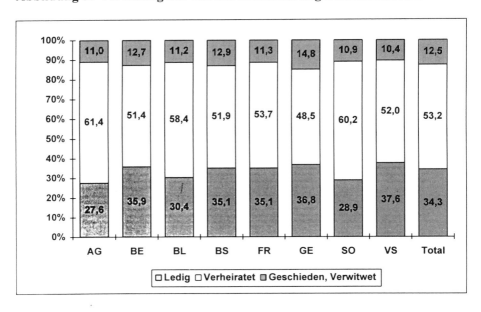

Wie Untersuchungen zur Arbeitslosigkeit in Basel-Landschaft belegen, weisen Ausländerinnen bereits ein besonders grosses Risiko, arbeitslos zu werden, und eine besonders lange Dauer der Arbeitslosigkeit auf (vgl. Blattner & Theiss, 1994). Die starke Betroffenheit der Ausländerinnen bestätigt sich nun auch in fast allen Kantonen für das Problem der Aussteuerung (vgl. Tabelle 4).

In den Nordwestschweizer Kantonen sind mehr als die Hälfte der Ausgesteuerten **Ausländer**. Im Vergleich zu ihrem Anteil unter den Erwerbspersonen (ca. 30 %) bzw. unter den Arbeitslosen (ca. 40 %) sind sie speziell von der Aussteuerung betroffen. Hinzu kommt, dass sich die Arbeitslosigkeit und eine unter Umständen folgende Aussteuerung aus der Arbeitslosenversicherung bei Grenzgängern und Saisonniers meistens nicht in der Schweizer Statistik, sondern in der Statistik der Heimatländer niederschlägt.

Auffällig ist der im Vergleich zu den Nordwestschweizer Kantonen deutlich tiefere Ausländeranteil in den Westschweizer Kantonen Bern, Genf und insbesondere Freiburg und Wallis. In den Nordwestschweizer Kantonen Aargau, Basel-Landschaft und Solothurn finden anscheinend Ausländer, wenn sie einmal arbeitslos geworden sind, weniger leicht eine Stelle und werden schliesslich eher ausgesteuert (vgl. die doppelt so hohen Werte in Tabelle 4).

Unter den von der Arbeitslosenversicherung **ausgesteuerten Ausländern** sind keine Grenzgänger und einige wenige Saisonniers, sondern Jahresaufenthalter (Ausweis B) und vor allem Niedergelassene (Ausweis C) gemäss Abbildung 4. Innerhalb der Rubrik "Übrige" sind etwa die Hälfte Asylbewerber (4 % der ausländischen Ausgesteuerten). In Basel-Landschaft ist dieser Anteil sogar ausserordentlich hoch (12 % der Ausgesteuerten unter den Ausländern sind Asylbewerber).

Wie bereits in Blattner & Theiss (1994) dargelegt, ist die Arbeitslosenquote der Jahresaufenthalter höher als die der Niedergelassenen. Die Dauer der Arbeitslosigkeit ist jedoch für Niedergelassene, wenn sie einmal arbeitslos werden, länger und somit auch das Risiko, ausgesteuert zu werden, grösser. Dies wird durch die empirischen Ergebnisse bestätigt: Niedergelassene sind unter den Ausländern unter den von der Aussteuerung Betroffenen in allen Kantonen (vgl. Tabelle 4) übervertreten.

Bis zum Ende des Jahres 1994 haben durchschnittlich 4 % der Ausländer unter den Ausgesteuerten der Jahre 1993 und 1994 in den acht Kantonen die Schweiz verlassen. Das Rückwanderungsverhalten ist somit unter den Ausgesteuerten nicht ausgeprägter als unter der erwerbstätigen ausländischen Bevölkerung. Gemäss Berechnungen der FAI sind während des Jahres 1991 7 % der erwerbstätigen Ausländer zurückgewandert (vgl. Sheldon & Theiss, 1995).

Tabelle 5: Ausreise der 1993 und 1994 ausgesteuerten Ausländer bis zum 31. Dezember 1994 (Anteile in %)

	AG	BE*	BL	BS	FR	GE	SO	VS	Total**
Ausreisen	4,6	4,4	2,9	2,6	3,7	3,7	5,5	6,2	4,1

* Bern: Gesamter Kanton Bern   ** Total: alle 8 Kantone

Die Verteilung nach **Zivilstand** ergibt das folgende Bild (vgl. Abbildung 5). 53 % der Ausgesteuerten in allen acht Kantonen sind verheiratet. Ledig sind 34 %, verwitwet 1 % und geschieden 11 % der Betroffenen. In den meisten Fällen sind somit Familien von den Problemen, die die Aussteuerung mit sich bringt, betroffen. Wie Tabelle 4 zeigt, sind Ledige unter den Ausgesteuerten unter-, Verheiratete, Verwitwete und Geschiedene dagegen überrepräsentiert.

Abbildung 6: Verteilung der von der Aussteuerung Betroffenen nach der Muttersprache

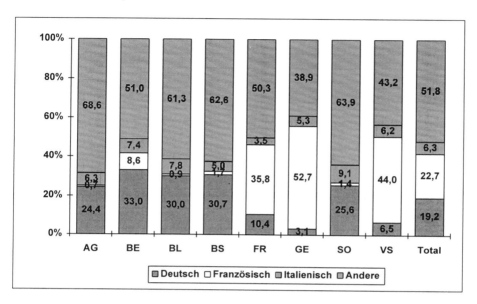

Abbildung 7: Verteilung der von der Aussteuerung Betroffenen nach Alter

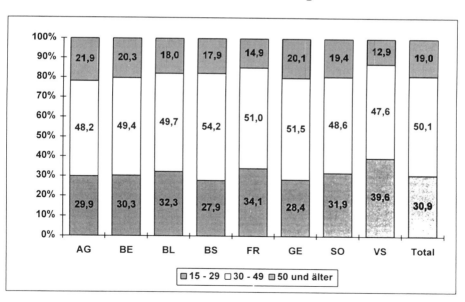

Die Verteilung nach der **Muttersprache** ist in Abbildung 6 dargestellt. Der grösste Anteil (bis zu 69 % im Aargau) fällt in allen Kantonen mit Ausnahme von Genf den Ausgesteuerten mit einer in der Schweiz nicht beheimateten Muttersprache zu. Zu dieser Gruppe zählen überwiegend Betroffene türkischer, kurdischer, serbo-kroatischer, spanischer und portugiesischer Muttersprache. Untervertreten sind in den deutschsprachigen Kantonen (Aargau, Basel-Landschaft, Basel-Stadt und Solo-thurn) sowie in den zweisprachigen Kantonen (Bern, Freiburg und sehr ausgeprägt im Wallis) Personen mit deutscher Muttersprache.

Die Verteilung der Ausgesteuerten nach **Altersklassen** ist der Abbildung 7 zu ent-nehmen. Die grösste Gruppe umfasst die Personen mittleren Alters, die kleinste Gruppe Personen ab 50 Jahren. In den Kantonen Freiburg und Wallis beträgt der Anteil der über 49-jährigen Personen, die - abgesehen von besonderen Ausnahmen - Arbeitslosenhilfe beantragen können, gerade 15 bzw. 13 %. Die Jüngeren und Perso-nen mittleren Alters fallen zwar zahlenmässig ins Gewicht, verglichen mit den Ar-beitslosen oder Erwerbspersonen sind sie jedoch nicht unbedingt am stärksten von der Aussteuerung betroffen. Gemäss Tabelle 4 sind die Jüngeren unter den Ausge-steuerten untervertreten, mit zunehmenden Alter nimmt der Anteil unter den Ausge-steuerten in allen Kantonen zu.

Die Verteilung der Ausgesteuerten nach der bisherigen **Funktion und Qualifikation** zeigen die Abbildungen 8 und 9:

Zwischen 1 % (Wallis) und 6 % (Basel-Landschaft) der Ausgesteuerten waren zuvor in Kaderpositionen. Etwa die Hälfte der Ausgesteuerten übte Hilfsfunktionen aus. Zwischen 3 % (Aargau) und 9 % (Wallis) sind Abgänger aus dem Bildungssystem (Lehre, Schule, Universität). Unter der Rubrik "Andere" wurden "Selbständige" und Heimarbeiter zusammengefasst.

Auffällig ist die Verteilung im Kanton Solothurn, die auf das Anwachsen des tertiären Sektors (Dienstleistungen) zurückgeführt werden kann (vgl. Sheldon & Theiss, 1994a und 1994b). Im Kanton Solothurn gingen in den letzten Jahren die Anteile der Beschäftigten im sekundären Sektor (Industrie) massiv zurück. Die betroffenen Personen im sekundären Sektor übten zum grossen Teil Hilfsfunktionen aus und waren oft auch ohne beruflichen bzw. höheren Schulabschluss.

Konträr dazu ist die Entwicklung in den Kantonen Wallis und Genf mit einem hohen Anteil an Betroffenen mit vorheriger Fachfunktion und einem hohen Anteil an gelernten Ausgesteuerten.

Der Vergleich der von Aussteuerung Betroffenen mit den Zugängern in den Bestand der Arbeitslosen zeigt, dass folgende Personengruppen untervertreten sind (vgl. Tabelle 4, Merkmal ausgeübte Funktion):
- Kaderleute (in den Kantonen Aargau, Bern, Genf, Solothurn und Wallis),
- Personen mit Fachfunktionen (alle Kantone ausser Genf) und
- Personen, die sich vor der Arbeitslosigkeit in Ausbildung befanden (alle Kantone).

In Abbildung 10 ist die **Mobilitätsbereitschaft** der Ausgesteuerten ausgewiesen. "Nicht mobil" sind Personen, die erklären, nur einen Arbeitsplatz am Wohnort anzunehmen, während Tagespendler zwar keinen Wohnortwechsel in Kauf nehmen möchten, aber immerhin bereit sind, ausserhalb ihres Wohnortes zu arbeiten. Zu einem Wohnortwechsel bereit, in der näheren Region, schweizweit oder sogar auch im Ausland sind am wenigsten in Basel-Stadt (3 %) und am meisten im Wallis (11 %).

Abbildung 8: Verteilung der von der Aussteuerung Betroffenen nach Funktion

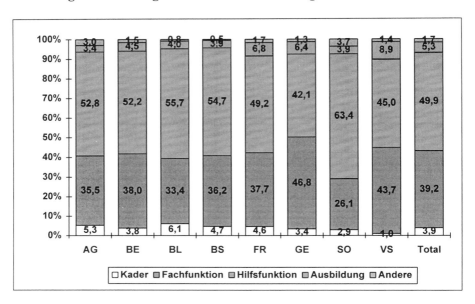

Abbildung 9:   Verteilung der von der Aussteuerung Betroffenen nach Qualifikation

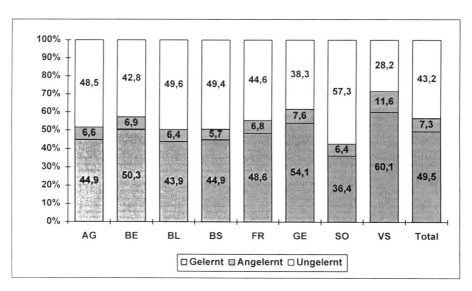

Abbildung 10: Verteilung der Ausgesteuerten nach der Mobilitätsbereitschaft

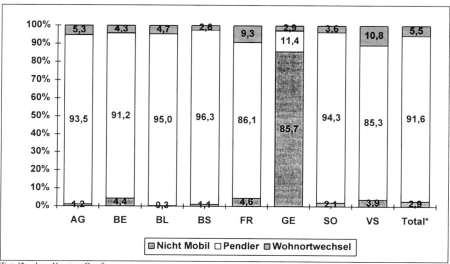

Total*: ohne Kanton Genf

Abbildung 11: Verteilung der von der Aussteuerung Betroffenen nach Höchstanspruchsstufen (Anzahl Taggelder)

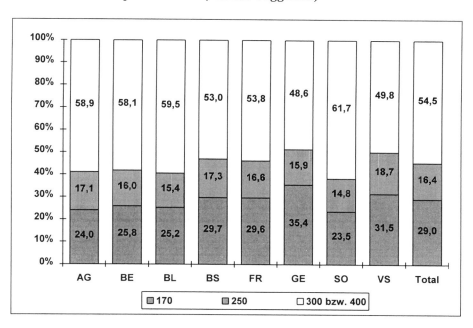

Die Verteilung im Kanton Genf in Bezug auf die Mobilitätsbereitschaft weicht vollkommen von der anderer Kantone ab. Im Kanton Genf werden Arbeitslose in der Regel als nicht mobil angesehen und deshalb meistens als nicht mobil ins AVAM-System eingegeben. Tendenziell lässt sich sagen, nicht mobile Personen sind unter den Ausgesteuerten übervertreten (vgl. Tabelle 4, Spalte Total). Kantonal differenziert trifft dies für alle Kantone mit Ausnahme von Bern und Genf zu (Tabelle 4, nicht mobile Personen versus Pendler).

Die Verteilung nach den **Höchstanspruchsstufen** ist Abbildung 11 zu entnehmen. Mehr als die Hälfte der Ausgesteuerten konnte 400 Taggelder beziehen. Mehr als die Hälfte der Betroffenen konnte somit von der Taggelderhöhung profitieren. Solothurn nimmt mit einem Anteil von 62 % an Ausgesteuerten mit einem Höchstanspruch von 300 bzw. 400 Taggelder den Spitzenwert ein. Immerhin hatten fast 30 % der Betroffenen einen Höchstanspruch von 170 Taggeldern, im Kanton Genf sogar mehr als ein Drittel.

Zusammengefasst kann somit festgehalten werden:

Der Kanton Genf weist die grösste Anzahl an Ausgesteuerten in allen acht untersuchten Kantonen auf. Das Risiko, ausgesteuert zu werden, ist im Kanton Genf erheblich grösser als in den anderen sieben Kantonen.

Überdurchschnittlich von der Aussteuerung betroffen sind Frauen (Ausnahme Genf), insbesondere Ausländerinnen, Personen ausländischer Nationalität und ungelernte Personen.

Unterdurchschnittlich von der Aussteuerung betroffen sind Männer, Personen schweizerischer Nationalität (mit Ausnahme des Kantons Genf, wo Schweizer und Ausländer beide im gleichen Ausmass überdurchschnittlich betroffen sind), gelernte Personen, Personen, die eine Kader- oder eine Fachfunktion ausübten, Personen, die vor der Arbeitslosigkeit in Ausbildung waren.

In den Kantonen der Nordwestschweiz sind mehr als die Hälfte der Ausgesteuerten Ausländer. In allen acht untersuchten Kantonen sind mehr als die Hälfte der ausgesteuerten Ausländer Niedergelassene.

Im Kanton Solothurn ist der Anteil der Ausgesteuerten, die vor der Arbeitslosigkeit eine Hilfsfunktion ausübten, auffallend gross.

5. Ergebnisse der Erhebungen bei Arbeitslosenhilfe und Fürsorge: Die acht Kantone im Vergleich

Die kantonalen Regelungen für die Arbeitslosenhilfe sind unterschiedlich. In den Kantonen *Bern* und *Aargau* wird keine Arbeitslosenhilfe gewährt. In den Kantonen *Freiburg* und *Wallis* kann Arbeitslosenhilfe (aide cantonale aux chômeurs) in der Regel erst ab dem Alter von 50 Jahren ausbezahlt werden (Ausnahmen u.a. bei Invalidität). Dementsprechend ist der Anteil der Arbeitslosenhilfebezüger unter den Ausgesteuerten der Jahre 1993 und 1994 in Freiburg (11 %) und im Wallis (2 %) tief (vgl. Abbildung 12). Von den über 49-jährigen bezogen in Freiburg 53 % und im Wallis 19 % nach der Aussteuerung Arbeitslosenhilfe.

Abbildung 12: Bezug von Arbeitslosenhilfe nach der Aussteuerung (in %)

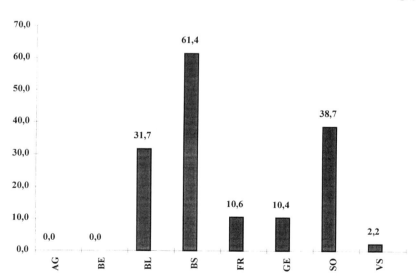

In *Genf* kann nach der Aussteuerung nur Arbeitslosenhilfe gewährt werden, wenn eine Teilnahme an einem Beschäftigungsprogramm (programme d'occupation tem-

77

poraire) nicht möglich ist. 40 % der von Aussteuerung Betroffenen nahmen darum nach der Aussteuerung an einem Beschäftigungsprogramm teil, und lediglich 10 % erhielten Arbeitslosenhilfe. Das Angebot zur Teilnahme an einem Beschäftigungsprogramm ist im Kanton Genf weit bedeutender als die Auszahlung von Geldern aus der Arbeitslosenhilfe. Die Hälfte der Ausgesteuerten nahm somit an einem Beschäftigungsprogramm teil oder bezog Arbeitslosenhilfe.

In den Kantonen *Basel-Stadt*, *Basel-Landschaft* und *Solothurn* (in Solothurn bis 30. Juni 1995) wird Arbeitslosenhilfe (bzw. Nothilfe) ohne Altersbeschränkung gewährt. Knapp ein Drittel der Ausgesteuerten in Basel-Landschaft, mehr als ein Drittel in Solothurn und fast zwei Drittel in Basel-Stadt bezogen Arbeitslosenhilfe. Der Unterschied zwischen diesen drei Nordwestschweizer Kantonen und den Kantonen in der Westschweiz ist leicht einzusehen. Der Anteil an Bezügern ist in Basel-Stadt höher als in Basel-Landschaft und Solothurn.

Innerhalb der drei Nordwestschweizer Kantone mit Arbeitslosenhilfe sind Unterschiede zwischen grossen und kleinen Gemeinden festzustellen. Während 62 % der Ausgesteuerten in der Stadt Basel Arbeitslosenhilfe bezogen haben, sind es in Riehen 38 %. In Solothurn bezogen 45 % in Gemeinden mit über 10'000 Einwohner und 36 % in kleineren Gemeinden. In Basel-Landschaft ist der Anteil 36 % in den grösseren Gemeinden und 25 % in den kleineren.

Die Mediandauer für den Bezug von Arbeitslosenhilfe betrug durchwegs über alle Kantone ca. 3 Monate. Das heisst, die Hälfte der Bezüger wurde nach einem Bezug von 3 Monaten von der Arbeitslosenhilfe abgemeldet. Mit Ausnahme des Kantons Wallis haben mehr als 50 % der Bezüger Arbeitslosenhilfe erhalten, bis sie ihren Anspruch auf *Arbeitslosenhilfe* ausgeschöpft hatten. Der Anspruch auf Arbeitslosenhilfe ging häufiger aufgrund des Endes der zweijährigen Rahmenfrist als aufgrund des

Maximums an Taggeldern verloren. In den Kantonen Basel-Stadt und Solothurn wurde knapp ein Drittel der Bezüger von der Arbeitslosenhilfe aufgrund einer Arbeitsaufnahme abgemeldet. In den Kantonen Basel-Landschaft und Genf betrug dieser Anteil ein Sechstel und in Freiburg zehn Prozent.

Abbildung 13: Bezug von Fürsorgeleistungen nach der Aussteuerung

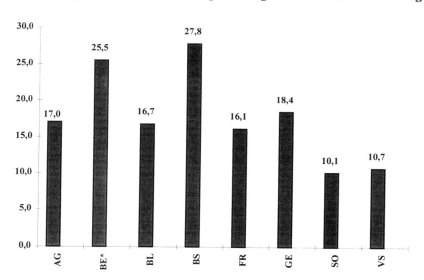

Die Erhebungen in den acht Kantonen zur Fürsorge (Sozialhilfe, aide sociale) haben ergeben, dass Fürsorgeleistungen in Kantonen mit Arbeitslosenhilfe nicht nur nach der Ausschöpfung der Arbeitslosenhilfe in Anspruch genommen werden, sondern auch in beträchtlichem Ausmass von Personen, die entweder keine Arbeitslosenhilfe bezogen haben oder aus der Arbeitslosenhilfe abgemeldet wurden, bevor sie diese ausgeschöpft hatten.

Stellt man die Anteile der Sozialhilfebezüger unter den Ausgesteuerten in Kantonen bzw. Teilgebieten, die im Bezug auf die Gemeindegrösse vergleichbar sind, einander gegenüber, zeigt sich, dass sie in Kantonen mit Arbeitslosenhilfe in vier Fällen niedriger und in einem Fall gleich hoch sind:

Tabelle 6: Anteile der Sozialhilfebezüger unter den Ausgesteuerten

Kantone *mit* Arbeitslosenhilfe	Sozialhilfebezüger in Prozent	Kantone oder Teilgebiete *ohne* Arbeitslosenhilfe	Sozialhilfebezüger in Prozent
Basel-Stadt	28 %	Städte Bern, Thun, Langenthal	33 %
Solothurn	10 %	Aargau	17 %
Basel-Landschaft	17 %	Aargau	17 %
Freiburg	16 %	Berner Bezirke Courtelary, Moutier, La Neuveville und Biel	18 %
Wallis	11 %	Berner Bezirke Courtelary, Moutier, La Neuveville und Biel	18 %

In den Kantonen *Solothurn* und *Wallis* ist der Anteil von 10 % bzw. 11 % tief.

Die Ausgesteuerten jüngeren und mittleren Alters in den Kantonen *Freiburg* und *Wallis* haben in der Regel keinen Anspruch auf Arbeitslosenhilfe. Insofern wäre auch dort ein höherer Anteil an Bezügern von Fürsorge zu erwarten. Allerdings ist zu beachten, dass durch flankierende Massnahmen wie Beschäftigungsprogramme in Freiburg und Wallis wie auch in *Genf* der Anteil der Ausgesteuerten, die Fürsorge beziehen müssen, gesenkt wird. Im Kanton Wallis erhalten zudem 20 % der in der Abbildung 13 aufgeführten Bezüger ihre Sozialleistungen im Zusammenhang mit einem Beschäftigungsprogramm.

Die Beanspruchung von Fürsorge ist insbesondere in den Kantonen Basel-Stadt und Bern in den Städten Basel, Bern, Biel und Thun eher hoch, in den ländlichen Gebieten eher niedrig. In den ländlichen Gebieten im Wallis und im Kanton Freiburg wird generell weniger oft Sozialhilfe beansprucht.

Die Erhebung zum Bezug von Fürsorgeleistungen hat ergeben, dass die von der Aussteuerung Betroffenen einige Zeit zuwarten, bis sie Fürsorgeleistungen beantragen. Zudem war im Erhebungszeitpunkt ein nicht unwesentlicher Prozentsatz noch Bezüger von Arbeitslosenhilfe. Das volle Ausmass der Inanspruchnahme von Fürsorgeleistungen wird somit erst über einen längeren Zeitraum sichtbar.

Die Verbleibdauer in der Sozialhilfe ist sehr lang. Wenn jemand einmal Sozialhilfebezüger ist, kommt er länger nicht davon los. 50 % *der Bezüger* haben zwischen 12 und 15 Monate (= Mediandauer) lang Fürsorgeleistungen erhalten. In den Kantonen Basel-Stadt und Freiburg beträgt die Mediandauer sogar mehr als 18 Monate.

Gemäss der *Fragebogenerhebung* konnten keine Unterschiede in der Dauer der Stellensuche (gerechnet vom Beginn der Aussteuerung aus der Arbeitslosenversicherung bis zum Stellenantritt) zwischen Kantonen ohne und mit Arbeitslosenhilfe festgestellt werden. In den Kantonen Solothurn und Bern sind sechs Monate nach der Aussteuerung drei Viertel der Ausgesteuerten ohne Arbeit, in den anderen sechs Kantonen etwa zwei Drittel.

6. Ergebnisse der Befragung der Ausgesteuerten in acht Kantonen

Die Detailergebnisse der Befragung von Ausgesteuerten in den beteiligten acht Kantonen stimmen meistens überein. Schon deshalb ist es angebracht, eine Auswertung über alle acht Kantone vorzunehmen. Die Resultate werden so noch deutlicher, ohne dass die Gefahr besteht, sie könnten einem einzelnen Kanton nicht gerecht werden. Auf diese Weise können die Antworten aller 1'528 Ausgesteuerten, die sich in allen acht Kantonen an der Befragung beteiligt haben, gesamthaft zur Geltung kommen.

In die Untersuchung wurden acht verschiedenartige Kantone einbezogen: Es waren deutschsprachige, zweisprachige und französischsprachige, eher städtische und eher ländliche Kantone und solche mit einer eher tiefen und mit einer eher hohen Arbeitslosigkeit vertreten. Trotzdem gleichen sich die Resultate der Befragung von Ausgesteuerten in den einzelnen Kantonen sehr stark. Es liegt deshalb die Vermutung nahe, dass die Resultate der Befragung auch für die Kantone, die von der Studie nicht erfasst werden konnten, gelten könnten. Hier muss aber berücksichtigt werden, dass die Zentral- und die Ostschweiz, wo die Arbeitslosigkeit besonders gering ist, und die ganze italienischsprachige Schweiz nicht beteiligt waren. Demnach sind Schlüsse von den Resultaten der Befragung in den acht beteiligten Kantonen auf die ganze Schweiz zwar zulässig, müssen aber unter Berücksichtigung dieser Einschränkung und mit Vorsicht gezogen werden.

6.1 Wer hat wieder Arbeit gefunden?

Von den antwortenden 1'528 Ausgesteuerten verfügte die Hälfte im Zeitpunkt der Befragung wieder über Arbeit (unselbständig erwerbstätig, selbständig erwerbstätig oder in einem Beschäftigungsprogramm):

Tabelle 7: Ergebnis der Stellensuche

Arbeit gefunden?	Anzahl
Ja, unselbständig erwerbstätig	580 (38,0 %)
Ja, selbständig erwerbstätig	143 (9,4 %)
Ja, in einem Beschäftigungsprogramm	46 (3,0 %)
Ja, aber inzwischen wieder verloren	151 (9,8 %)
Nein, keine Arbeit gefunden	608 (39,8 %)
Total	1528 (100,0 %)

Die andere Hälfte aller antwortenden Ausgesteuerten hatte im Zeitpunkt der Befragung (Juni 1995) noch keine Arbeit gefunden oder ihre neue Arbeit bereits wieder verloren. Dies zeigt auch, wie schwierig sich die Stellensuche für Ausgesteuerte gestaltet.

Dass 50 % wieder zu Arbeit kamen, bedeutet jedoch noch lange nicht, dass Arbeitsform, -inhalt und -bedingungen sowie die Entlöhnung für alle diese Personen den Stand ihrer früheren Arbeit erreichten, wie die Resultate weiter unten zeigen.

Die Anteile der antwortenden Ausgesteuerten, die im Zeitpunkt der Befragung wieder erwerbstätig waren (einschliesslich Beschäftigungsprogramme), sahen in den beteiligten Kantonen wie folgt aus:

Bern	46 %
Freiburg	53 %
Solothurn	47 %
Basel-Stadt	51 %
Basel-Landschaft	55 %
Aargau	50 %
Wallis	52 %
Genf	50 %

55 % der Männer, aber nur 46 % der Frauen, 53 % der Schweizer, aber nur 46 % der Ausländer verfügten im Zeitpunkt der Befragung über eine Arbeit.

Männer haben es leichter, eine Anstellung zu finden und werden bei Einstellungen eher bevorzugt als Frauen. Möglicherweise haben sich auch Frauen, deren Lebenspartner eine Stelle haben, weniger intensiv oder gar nicht mehr um Arbeit bemüht. Dass Ausländer mehr Mühe als Schweizer bei der Stellensuche haben, könnte in Sprachproblemen und in der im Durchschnitt geringeren Qualifikation der Ausländer begründet liegen.

Die über 49-jährigen hatten deutlich grössere Schwierigkeiten, wieder eine Stelle zu finden. Von den bis 49-jährigen kam etwas mehr als die Hälfte zu einer neuen Stelle, von den über 49-jährigen nur ein Drittel (vgl. Tabelle 8). Die über 49-jährigen Ausgesteuerten haben es somit besonders schwer, wieder zu einer Stelle zu gelangen. Jüngere Kandidaten werden bei Einstellungen eher bevorzugt:

Tabelle 8: Ergebnis der Stellensuche nach Alter

Zur Zeit Arbeit?	Bis 29 Jahre	30 bis 49 Jahre	50 bis 65 Jahre
Ja	186 (56,2 %)	425 (56,1 %)	140 (35,4 %)
Nein	145 (43,8 %)	333 (43,9 %)	255 (64,6 %)
Total	331 (100,0 %)	758 (100,0 %)	395 (100,0 %)

44 ohne Angaben zum Alter

Dieser Unterschied ist gemäss Pearson- und Likelihood-Ratio-Test hoch signifikant (beide Tests 0,000).

6.2 Wann und wie wurden die neuen Stellen gefunden?

Die Dauer der Stellensuche, gerechnet vom Aussteuerungsdatum bis zum Stellenantritt, beträgt für die *Personen, die Arbeit gefunden haben*, rund fünfeinhalb Monate (Mittelwert = 5,74 Monate). Bei 44 % der 769 antwortenden Ausgesteuerten, die im Zeitpunkt der Befragung wieder über eine Arbeit verfügten, dauerte die Stellensuche weniger als einen Monat bis drei Monate. 43 % brauchten für die Stellensuche mehr als drei Monate:

Tabelle 9: Dauer der Stellensuche

Dauer der Stellensuche	Anzahl (in % der Personen mit Arbeit)
Bis 1 Monat	112 (14,6 %)
1 bis 3 Monate	226 (29,4 %)
4 bis 6 Monate	112 (14,6 %)
7 bis 9 Monate	69 (9,0 %)
Mehr als 9 Monate	151 (19,6 %)
Nicht ermittelbar	99 (12,8 %)
Total	769 (100,0 %)

Häufig brauchen Menschen, die von der Aussteuerung betroffen sind, zuerst etwas Zeit, um sich mit der neuen Situation zurecht zu finden. Danach werden neue Impulse und Aktivitäten für die Stellensuche ausgelöst. Möglicherweise senken manche Ausgesteuerte nach und nach ihre Ansprüche und akzeptieren so Stellen zu schlechteren Bedingungen als vorher.

86

Die Dauerstufen verteilten sich unter den Männern und unter den Frauen sehr ähnlich; die Abweichungen waren recht gering (z. B. mehr als neun Monate Dauer: Männer 24 %, Frauen 20 %) .

42 % der Ausländer mussten mehr als sechs Monate nach einer Stelle suchen, unter den Schweizern aber nur 29 %. Dass Ausländer eher länger brauchen, um eine Stelle zu finden, als Schweizer, könnte darin begründet sein, dass sie oft weniger gut qualifiziert sind und Sprachprobleme haben.

Zwischen den drei Altersgruppen gab es keine bedeutenden Unterschiede.

Tabelle 10 gibt eine Schätzung darüber, nach welcher Dauer seit der Aussteuerung wieviele *aller 1'528* antwortenden Ausgesteuerten keine Stelle finden. Demnach sind 1 Monat nach der Aussteuerung 92 % *aller* antwortenden Ausgesteuerten noch ohne Arbeit. 6 Monate nach der Aussteuerung sind es 69 % *aller* antwortenden Ausgesteuerten, die ohne Arbeit sind, respektive 31 %, die bis dahin eine Arbeit angetreten haben.

Tabelle 10: **Nach welcher Dauer seit der Aussteuerung haben wieviele Ausgesteuerte noch keine Stelle?**

Dauer bis zum Stellenantritt nach	Personen ohne Stelle (Standardabweichung)
1 Monat	91,8 % (0,0 %)
3 Monaten	78,3 % (1,1 %)
6 Monaten	68,8 % (1,3 %)
9 Monaten	60,3 % (1,4 %)
12 Monaten	56,0 % (1,4 %)
15 Monaten	48,4 % (1,6 %)

Die Mediandauer bis zum Stellenantritt beträgt für *alle* Ausgesteuerten 14 Monate. Somit hat die Hälfte der Ausgesteuerten eines Aussteuerungsmonats (die Hälfte einer Kohorte) nach 14 Monaten eine Arbeit. Unter *allen* Schweizern ist der Medianwert mit 12 Monaten tiefer als unter *allen* Ausländern (18 Monate). Die Hälfte *aller* Männer hat nach 12 Monaten eine Arbeit, die Hälfte *aller* Frauen nach 17 Monaten. Mit zunehmenden Alter nimmt die Mediandauer zu. Die Medianwerte liegen zwischen 11 Monaten bei den jüngeren und bei 18 Monaten bei den älteren Personen.

Etwas mehr als ein Drittel der *769 antwortenden Ausgesteuerten*, die zum Zeitpunkt der Befragung eine *Arbeit hatten*, fand diese durch ihre eigene Initiative (Bewerbung auf ein Inserat oder Spontanbewerbung) und jeder Sechste kam durch die Vermittlung von Freunden, Verwandten und Bekannten zum Erfolg:

Tabelle 11: Erfolgreiche Vermittlungswege

Vermittlung durch	Anzahl	
KIGA oder regionale Stellenvermittlung	55	(7,2 %)
Gemeindearbeitsamt	49	(6,4 %)
private Stellenvermittlung	43	(5,6 %)
Freunde, Verwandte, Bekannte	125	(16,3 %)
Eigene Initiative (Bewerbung auf Inserat)	150	(19,5 %)
Eigene Initiative (Spontanbewerbung)	135	(17,6 %)
Anderes	191	(24,7 %)
Fehlende Angabe	21	(2,7 %)
Total	769	(100,0 %)

Die Antwortmöglichkeit „anderes" benutzten am häufigsten Personen, die eine selbständige Erwerbstätigkeit aufgenommen haben, weil für sie keine der Vorgaben zutrafen.

In rund einem Fünftel der Fälle waren die öffentliche oder die private Stellenvermittlung die erfolgreichen Wege bei der Stellensuche, in etwas mehr als der Hälfte der Fälle die eigene Initiative oder die Vermittlung durch Freunde, Verwandte und Bekannte. Die meisten fanden ihre Stelle aufgrund von Spontanbewerbungen. Es kann sich also durchaus lohnen, sich bei Firmen zu bewerben, wenn keine Stelle ausgeschrieben ist. Die eigene Initiative führt nicht selten in die Selbständigkeit. Es ist ausserordentlich wichtig, dass sich die Ausgesteuerten aktiv um Arbeit bemühen und ihr Beziehungsnetz intakt bleibt.

Zwischen Männern und Frauen und zwischen den drei Altersgruppen sind keine nennenswerten Unterschiede zu verzeichnen.

Unter den Ausländern führte die eigene Initiative häufiger zu einer Arbeit als unter den Schweizern:

Tabelle 12: Erfolgreiche Vermittlungswege nach Nationalität

Vermittlung durch	Schweizer	Ausländer
Öffentliche oder private Büros	87 (16,9 %)	60 (25,6 %)
Freunde, Verwandte, Bekannte	88 (17,1 %)	37 (15,8 %)
Eigene Initiative	180 (35,1 %)	105 (44,9 %)
Anderes	159 (30,9 %)	32 (13,7 %)
Total	514 (100,0 %)	234 (100,0 %)

Dieser Unterschied ist gemäss Pearson- und Likelihood-Ratio-Test hoch signifikant (beide Tests 0,000).

Ausländer verrichten häufig weniger qualifizierte Arbeiten als Schweizer. Bei solchen Stellen ist eine spontane telefonische oder persönliche Bewerbung durchaus üblich, was die grössere Bedeutung der eigenen Initiative erklären könnte. Der grosse Anteil der Schweizer bei den „anderen Vermittlungswegen" ist darauf zurückzuführen, dass mehr Schweizer (12 % aller Antwortenden) als Ausländer (4 %) eine selbständige Erwerbstätigkeit aufnahmen.

6.3   Die finanzielle Situation der Personen, die wieder eine Stelle haben

Der Verdienst aus der neuen Arbeit deckte bei 50 % der 769 antwortenden Ausgesteuerten, die im Zeitpunkt der Befragung wieder über eine Arbeit verfügten, gemäss ihren Angaben den Lebensunterhalt, bei 42 % nicht:

Tabelle 13: Reicht der Verdienst aus der neuen Arbeit für Lebensunterhalt?

Arbeit deckt Lebensunterhalt	Anzahl
Ja	386 (50,2 %)
Nein	322 (41,9 %)
Fehlende Angabe	61 (7,9 %)
Total	769 (100,0 %)

Das Einkommen aus der neu gefundenen Arbeit reicht somit bei vielen der Personen, die wieder erwerbstätig sind, zur Finanzierung des Lebensunterhalts nicht aus. Wenn ein Ausgesteuerter zu einer neuen Arbeit gelangt, heisst dies also noch lange nicht, dass er das zum Leben nötige Einkommen erreicht. Andererseits bietet die neue Arbeit für die Betreffenden die Chance, sich wieder in die Arbeitswelt zu integrieren und mit der Zeit die Arbeitsbedingungen und die Einkommenssituation zu verbessern.

Von den Männern konnten 62 % den Lebensunterhalt aus der neuen Arbeit bestreiten, von den Frauen nur 46 %, von den bis 29-jährigen 64 %, von den 30- bis 49-jährigen 53 %, von den über 49-jährigen nur 45 %.

Der Anteil der Schweizer, bei denen der Verdienst aus der neuen Arbeit für den Lebensunterhalt nicht ausreichte, ist mit 45 % nicht wesentlich tiefer als unter Ausländern (46 %).

Von den 769 antwortenden Personen, die wieder Arbeit fanden, gelang es jedem Fünften, den Verdienst gegenüber dem Einkommen vor der Arbeitslosigkeit zu erhöhen. Nahezu zwei Drittel verdienten jedoch weniger als vor der Arbeitslosigkeit:

Tabelle 14: Jetziger Verdienst bezogen auf Verdienst vor Arbeitslosigkeit

Jetziger Verdienst	Anzahl	
Höher als vor der Arbeitslosigkeit	161	(20,9 %)
Gleich wie vor Arbeitslosigkeit	97	(12,6 %)
Bis 10 % tiefer	93	(12,1 %)
Bis 25 % tiefer	156	(20,3 %)
Bis 50 % tiefer	107	(13,9 %)
Mehr als 50 % tiefer	125	(16,3 %)
Fehlende Angabe	30	(3,9 %)
Total	769	(100,0 %)

Hier wird noch deutlicher, wie stark die Einkommenseinbusse sein kann. Fast ein Drittel der erfassten Personen verdiente mehr als ein Viertel weniger als vor ihrer Arbeitslosigkeit. Es ist anzunehmen, dass sich manche mit einer Arbeit abfanden, die sie vorher wegen ungenügender Bezahlung bzw. unzureichendem Inhalt als unzumutbar abgelehnt hätten.

Die Anteile der Männer (65 %), der Frauen (65 %), der Schweizer (66 %) und der Ausländer (62 %), die weniger als vor der Arbeitslosigkeit verdienten, weichen kaum voneinander ab.

Die Anteile der Personen, die gegenüber dem Verdienst vor der Arbeitslosigkeit Einbussen in Kauf nehmen mussten, nahmen mit ansteigendem Alter stark zu; unter den bis 29-jährigen betrug dieser Anteil noch 44 %, unter den 30- bis 49-jährigen schon 70 %, unter den über 49-jährigen 80 %. Über 49-jährige Ausgesteuerte haben es nicht nur besonders schwer, eine Stelle zu finden. Sie müssen auch am ehesten damit rechnen, dass sie, wenn ihre Suche erfolgreich verläuft, nicht mehr den Verdienst vor der Arbeitslosigkeit erreichen.

45 % der antwortenden Ausgesteuerten, die wieder Arbeit fanden, blieben mit ihrem Verdienst unter dem von der Arbeitslosenversicherung erhaltenen Betrag (vgl. Tabelle 15). Bezüger von Arbeitslosenentschädigung können eine Arbeit als unzumutbar ablehnen, wenn der Verdienst den Betrag der Arbeitslosenentschädigung unterschreitet. (AVIG, Artikel 16, Ziffer 1). Viele Ausgesteuerte nahmen jedoch eine solche Arbeit an:

Tabelle 15: Jetziger Verdienst in Bezug auf Arbeitslosenentschädigung

Jetziger Verdienst	Anzahl	
Höher als Arbeitslosenentschädigung	268	(34,8 %)
Gleich wie Arbeitslosenentschädigung	99	(12,8 %)
Bis 10 % tiefer	95	(12,4 %)
Bis 25 % tiefer	105	(13,6 %)
Bis 50 % tiefer	62	(8,1 %)
Mehr als 50 % tiefer	85	(11,1 %)
Fehlende Angabe	55	(7,2 %)
Total	769	(100,0 %)

Die Anteile der Männer (46 %), der Frauen (52 %), der Schweizer (50 %) und der Ausländer (45 %), die weniger als den Betrag der Arbeitslosenentschädigung verdienten, weichen nur geringfügig voneinander ab.

Die Anteile der Personen, die gegenüber dem Betrag der Arbeitslosenentschädigung Einbussen in Kauf nehmen mussten, nahmen mit ansteigendem Alter in hoch signifikantem Ausmass zu; unter den bis 29-jährigen betrug dieser Anteil noch 33 %, unter den 30- bis 49-jährigen schon 51 %, unter den über 49-jährigen 63 %.

6.4 Die Arbeit der Personen, die wieder eine Stelle haben

Etwas mehr als ein Drittel der 769 antwortenden Ausgesteuerten, die wieder eine Stelle gefunden haben, übte wieder den gleichen Beruf wie vor der Arbeitslosigkeit aus; 60 % wechselten den Beruf:

Tabelle 16: Verbleiben im gleichen Beruf oder Berufswechsel?

Gleicher Beruf wie vor Arbeitslosigkeit	Anzahl
Ja	277 (36,1 %)
Nein	461 (59,9 %)
Fehlende Angabe	31 (4,0 %)
Total	769 (100,0 %)

Viele Ausgesteuerte finden im angestammten Beruf keine Arbeit mehr und sehen sich nach einem neuen beruflichen Wirkungsfeld um. Zwischen Männern und Frauen, Schweizern und Ausländern und den drei Altersgruppen zeigen sich hierzu keine Unterschiede.

Etwas mehr als ein Drittel der Personen, die im Zeitpunkt der Befragung wieder Arbeit hatten, verfügten über eine Teilzeitstelle:

Tabelle 17: Vollzeit- oder Teilzeitstelle?

Jetzige Arbeitszeit	Anzahl
Vollzeit	464 (60,4 %)
Teilzeit	281 (36,5 %)
Fehlende Angabe	24 (3,1 %)
Total	769 (100,0 %)

Einige Inhaber einer Teilzeitstelle würden eine Vollzeitstelle bevorzugen, mussten jedoch eine Teilzeitstelle annehmen, weil sie keine Vollzeitstelle fanden (vgl. weiter unten Tabelle 20).

Erwartungsgemäss waren Teilzeitstellen unter den Frauen (58 %) signifikant ($P = 0,000$) viel verbreiteter als unter den Männern (21 %). Frauen arbeiten zwar allgemein häufiger Teilzeit, aber der Anteil der Teilzeitbeschäftigten unter den ausgesteuerten Frauen ist höher als unter allen berufstätigen Frauen.

Mehr als ein Viertel der antwortenden Ausgesteuerten, die wieder über Arbeit verfügten, hatte keine feste Stelle:

Tabelle 18: Arbeitsform

Jetzige Arbeitsform	Anzahl
Feste Stelle	375 (48,8 %)
Befristete Stelle	94 (12,2 %)
Temporäre Arbeit	81 (10,5 %)
Beschäftigungsprogramm	46 (6,0 %)
Selbständige Erwerbstätigkeit	143 (18,6 %)
Fehlende Angabe	30 (3,9 %)
Total	769 (100,0 %)

Fast jeder Fünfte wieder erwerbstätige Ausgesteuerte verschaffte sich Arbeit, indem er eine selbständige Erwerbstätigkeit aufnahm. Die Selbständigkeit stellt also einen recht bedeutenden Ausweg aus der Arbeitslosigkeit dar. Es ist anzunehmen, dass die Selbständigkeit oft nur gewählt wird, weil die Stellensuche ergebnislos verlief. Nur knapp die Hälfte der Ausgesteuerten, die sich wieder in das Arbeitsleben integrieren konnten, war fest angestellt.

Zwischen Männern und Frauen und zwischen den drei Altersgruppen wurden hier keine nennenswerten Unterschiede festgestellt. 24 % der Schweizer, aber nur 9 % der Ausländer wählten eine selbständige Erwerbstätigkeit; bei den anderen Arbeitsformen wichen ihre Anteile nur geringfügig voneinander ab.

Ein Drittel der wieder erwerbstätigen antwortenden Ausgesteuerten gab an, dass die neue Arbeit den Vorstellungen und Wünschen zu Beginn der Arbeitssuche ganz entspreche; bei zwei Dritteln stimmten Vorstellungen und neue Arbeit teilweise oder gar nicht überein:

Tabelle 19: Beurteilung der neuen Arbeit

Arbeit entspricht Vorstellungen	Anzahl
Ja	251 (32,6 %)
Teilweise	311 (40,4 %)
Nein	192 (25,0 %)
Fehlende Angabe	15 (2,0 %)
Total	769 (100,0 %)

Viele mussten also ihre Ansprüche an die Arbeit herabsetzen und waren gezwungen, weniger befriedigende Stellen anzunehmen, um Arbeit zu haben.

Die Personen (503), deren Arbeit teilweise oder gar nicht ihren Vorstellungen, die sie zu Beginn der Arbeitssuche hatten, entspricht, konnten mit Hilfe von vorgegebenen Antworten (vgl. Tabelle 20) angeben, worin die Gründe der Unzufriedenheit liegen. Mehrfachnennungen waren möglich und sind häufig vorgekommen.

Tabelle 20: Warum entspricht die neue Arbeit nicht den Vorstellungen?

Warum keine Entsprechung?	Anzahl (in % der Personen mit Arbeit)
Jetzige Arbeit bedeutet beruflichen Abstieg	151 (19,6 %)
Jetzige Arbeit entspricht nicht Ausbildung	189 (24,6 %)
Der Lohn ist zu tief	276 (35,9 %)
Nur einen Temporär-Job gefunden	86 (11,2 %)
Nur eine Teilzeit-Stelle gefunden	97 (12,6 %)
Möchte lieber Teilzeit arbeiten	22 (2,9 %)
Gesundheitliche Probleme	53 (6,9 %)
Druck und Stress durch jetzige Arbeit	116 (15,1 %)
Arbeitsort zu weit von Wohnort entfernt	60 (7,8 %)
Anderes	70 (9,1 %)

Es erstaunt nicht, dass als häufigster Grund für die Unzufriedenheit mit der Arbeit ein zu tiefer Lohn angegeben wurde, denn 63 % der wieder erwerbstätigen antwortenden Ausgesteuerten verdienen weniger als vor der Arbeitslosigkeit. Da viele den Beruf wechselten bzw. wechseln mussten, kommt es oft vor, dass die neue Arbeit nicht der Ausbildung entspricht oder einen beruflichen Abstieg bedeutet. Jeder siebte empfindet bei der neuen Arbeit Druck und Stress.

Nahezu die Hälfte der 769 Personen, die wieder erwerbstätig waren, betrachtete die momentane Arbeit nur als Übergangslösung und suchte weiter nach einer anderen Stelle:

Tabelle 21: Suche nach einer anderen Stelle?

Suche nach einer anderen Stelle?	Anzahl
Ja	361 (46,9 %)
Nein	359 (46,7 %)
Fehlende Angabe	49 (6,4 %)
Total	769 (100,0 %)

Da für zwei Drittel der wieder erwerbstätigen antwortenden Ausgesteuerten die neue Arbeit teilweise oder gar nicht mit ihren Vorstellungen übereinstimmt, liegt es nahe, dass sich viele nach einer passenderen Stelle umsehen.

Unter den Ausländern suchten mit 54 % nur geringfügig mehr weiter nach einer anderen Stelle als unter den Schweizern mit 48 % und unter den Frauen mit 53 % nur wenig mehr als unter den Männern mit 48 %. Zwischen den drei Altersgruppen zeigten sich hier keine nennenswerten Unterschiede.

6.5 Die Situation der Personen, die noch keine Stelle haben

Die 759 antwortenden Ausgesteuerten, die im Zeitpunkt der Befragung *keine Arbeit* hatten, bestritten ihren Lebensunterhalt auf die folgende Weise:

Tabelle 22: Finanzierung des Lebensunterhalts

Finanzierung des Lebensunterhalts durch	Anzahl (in % der Personen ohne Arbeit)
Erspartes, Vermögen	152 (20,0 %)
Gelegentliche Arbeit	65 (8,6 %)
Ordentliche AHV-Altersrente	32 (4,2 %)
Vorzeitige Pensionierung	9 (1,2 %)
Lebenspartner(in)	303 (39,9 %)
Alimente	40 (5,3 %)
Eltern, Verwandte, Freunde, Bekannte	121 (15,9 %)
Stipendium für eine Ausbildung	8 (1,1 %)
Arbeitslosenhilfe	32 (4,2 %)
Arbeitslosenentschädigung	116 (15,3 %)
Sozialhilfeleistungen	101 (13,3 %)
Rente der Invaliden-Versicherung (IV)	60 (7,9 %)
Bei der IV angemeldet, aber noch nicht Bezüger	54 (7,1 %)
Bankkredit	24 (3,2 %)
Senkung des Lebensstandards	358 (47,2 %)
Anderes	38 (5,0 %)

Die Antwortmöglichkeiten waren in der obigen Reihenfolge auf dem Fragebogen vorgegeben. Als 100 % wurden alle 759 Personen, die ohne Arbeit waren, gesetzt. Da Mehrfachnennungen zugelassen wurden, ergibt das Total aller Nennungen mehr als 759 Personen und mehr als 100 %.

Vier von zehn aller noch nicht erwerbstätigen antwortenden Ausgesteuerten wurden vom Lebenspartner unterstützt und ein Fünftel lebte von den Ersparnissen. Weitere wichtige Finanzquellen waren Eltern, Verwandte, Freunde, Bekannte usw. (16 %), die Arbeitslosenentschädigung (15 %), die Invalidenversicherung (15 %, Bezüger und Gesuchsteller zusammengenommen) und die öffentliche Sozialhilfe (13 %).

Arbeitslosenentschädigung erhielten Personen, die nach ihrer Aussteuerung wieder Arbeit fanden, mindestens ein halbes Jahr lang arbeiteten, dann aber die Arbeit wieder verloren. Da sie eine genügend lange Beitragszeit nachweisen konnten, hatten sie erneut Anspruch auf Arbeitslosenentschädigung.

Die Sozialhilfe und die Invalidenversicherung werden durch Aussteuerungen belastet. Einige der Personen, die nach der Aussteuerung eine Invalidenrente bezogen oder beantragten, waren wahrscheinlich schon vor ihrer Arbeitslosigkeit krank. Bei nicht wenigen - so kann aufgrund der Ergebnisse der Gruppendiskussionen vermutet werden - lag die Ursache der Krankheit jedoch mindestens teilweise in der Arbeitslosigkeit und Aussteuerung.

Oft reichten die verfügbaren Einnahmen nicht aus, denn beinahe die Hälfte aller noch nicht erwerbstätigen antwortenden Ausgesteuerten gab an, sie hätte ihren Lebensstandard heruntergeschraubt, damit der Lebensunterhalt finanzierbar blieb.

Für den Lebensunterhalt von 55 % der Frauen, die noch keine Arbeit hatten, kam der Lebenspartner auf. Unter den weiterhin erwerbslosen Männern dagegen wurden nur 21 % von der Lebenspartnerin versorgt. Da Männer häufiger erwerbstätig sind als Frauen, kann eine arbeitslose Frau, die mit einem Partner zusammenlebt, öfters von dessen Einkommen leben.

Männer konnten eher auf Ersparnisse zurückgreifen (Anteil 27 %) als Frauen (Anteil 14 %). Männer verdienen im Durchschnitt mehr als Frauen. Möglicherweise können deshalb Männer eher Ersparnisse auf die Seite legen als Frauen.

Männer bezogen häufiger Sozialhilfeleistungen (Anteil 20 %) als Frauen (Anteil 8 %). Da Männer häufiger erwerbstätig sind als Frauen, kann eine arbeitslose Frau, die mit einem Partner zusammenlebt, öfters von dessen Einkommen leben und muss in diesem Fall die Sozialhilfe nicht beanspruchen.

Mehr als die Hälfte der 759 antwortenden Ausgesteuerten ohne Arbeit setzte nach ihren eigenen Angaben ihren Lebensstandard stark herab:

Tabelle 23: Lebensstandard herabgesetzt?

Lebensstandard herabgesetzt?	Anzahl
Gar nicht	29 (3,8 %)
Ein Wenig	241 (31,8 %)
Stark	423 (55,7 %)
Fehlende Angabe	66 (8,7 %)
Total	759 (100,0 %)

Eine kleine Minderheit der Ausgesteuerten ohne Arbeit kann den bisherigen Lebensstandard beibehalten. Alle anderen müssen sich ein wenig oder stark einschränken.

Von den 664 antwortenden Ausgesteuerten ohne Arbeit, die den Lebensstandard herabsetzten, sparten weitaus die meisten beim Ausgehen, beim Kauf von Kleidern und bei Ferien:

Tabelle 24: Wo werden Einschränkungen vorgenommen?

Wo werden Einschränkungen vorgenommen?	Anzahl (in % der Personen ohne Arbeit)
Wechsel in günstigere Wohnung	97 (12,8 %)
Beim Ausgehen	565 (74,4 %)
Bei Ferien	519 (68,4 %)
Beim Kauf von Kleidern	556 (73,3 %)
Beim Arzt- bzw. Zahnarzt-Besuch	265 (34,9 %)
Versicherungen gekündigt oder reduziert	166 (21,9 %)
Verkauf von persönlichen Gegenständen	106 (14,0 %)
Verzicht aufs Auto	183 (24,1 %)
Anderes	48 (6,3 %)

Die Antwortmöglichkeiten waren in der obigen Reihenfolge auf dem Fragebogen vorgegeben. Als 100 % wurden alle 759 Personen, die ohne Arbeit waren, gesetzt. Mehrfachnennungen waren möglich.

Es kann zu denken geben, dass anscheinend mehr als ein Drittel der Ausgesteuerten ohne Arbeit Arzt- und Zahnarztbesuche vermeidet, um Geld zu sparen.

6.6 Die Schwierigkeiten bei der Arbeitssuche der Personen, die noch keine Stelle haben

Die 759 antwortenden Ausgesteuerten ohne Arbeit führten am häufigsten das Alter als grosses Problem bei der Arbeitssuche an:

Tabelle 25: Die grössten Probleme bei der Arbeitssuche

Grösste Probleme bei der Arbeitssuche	Anzahl (in % der Personen ohne Arbeit)
Das Alter	392 (51,6 %)
Ungenügende Ausbildung	193 (25,4 %)
Zu wenig Erfahrung	126 (16,6 %)
Überqualifikation	98 (12,9 %)
Sprachprobleme	165 (21,7 %)
Die Nationalität (Herkunft)	77 (10,1 %)
Die familiäre Situation	67 (8,8 %)
Kann nur Teilzeit arbeiten	137 (18,1 %)
Gesundheitliche Probleme	164 (21,6 %)
Anderes	103 (13,6 %)

Die Antwortmöglichkeiten waren in der obigen Reihenfolge auf dem Fragebogen vorgegeben. Als 100 % wurden alle 759 Personen, die ohne Arbeit waren, gesetzt. Da Mehrfachnennungen zugelassen wurden, ergibt das Total mehr als 759 Personen und mehr als 100 %. Die unter der Rubrik „anderes" angegebenen Antworten waren sehr individuell.

Da die Arbeitgeber dazu neigen, jüngere Stellenbewerber zu bevorzugen, haben es ältere Ausgesteuerte besonders schwer bei der Arbeitssuche. Ein Viertel der Ausgesteuerten ohne Arbeit ist ungenügend ausgebildet und mehr als ein Fünftel hat Sprachprobleme. Somit könnten Weiterbildungs- und Sprachkurse viel dazu beitra-

103

gen, um die Chancen von manchen Arbeitslosen bei der Stellensuche zu verbessern und Aussteuerungen möglichst zu verhindern. Gegen ein Fünftel der weiterhin arbeitslosen Ausgesteuerten kann nur Teilzeit arbeiten. Ihnen könnte geholfen werden, wenn mehr Teilzeitstellen zur Verfügung stehen würden.

40 % der Personen zwischen 30 und 49 Jahren und 92 % der über 49-jährigen gaben an, wegen ihres Alters Probleme bei der Stellensuche zu haben:

Tabelle 26: Das Alter als Problem bei der Stellensuche nach Alter

Alter als Problem bei der Stellensuche?	Bis 29 Jahre	30 bis 49 Jahre	50 bis 65 Jahre
Ja	15 (10,3 %)	134 (40,2 %)	235 (92,2 %)
Nein	130 (89,7 %)	199 (59,8 %)	20 (7,8 %)
Total	145 (100,0 %)	333 (100,0 %)	255 (100,0 %)

Dieser Unterschied ist gemäss Pearson- und Likelihood-Ratio-Test hoch signifikant (beide Tests 0,000).

Heutzutage gelten anscheinend nicht nur Personen ab 50 Jahren bei der Besetzung von Stellen als zu alt, sondern bereits auch Personen ab ungefähr 45 Jahren. Von den Personen über 49 Jahren haben fast alle wegen ihres Alters Schwierigkeiten bei der Stellensuche.

Unter den Ausländern fühlten sich mit 27 % nur geringfügig mehr Personen ungenügend ausgebildet als unter den Schweizern (24 %).

Erwartungsgemäss sahen sich mehr Ausländer als Schweizer bei der Stellensuche durch Sprachprobleme behindert:

Tabelle 27: **Sprachprobleme als Hindernis bei der Stellensuche nach Nationalität**

Sprachprobleme als Hindernis bei Stellensuche?	Schweizer	Ausländer
Ja	69 (14,6 %)	96 (33,3 %)
Nein	402 (85,4 %)	192 (66,7 %)
Total	471 (100,0 %)	288 (100,0 %)

Dieser Unterschied ist gemäss Pearson- und Likelihood-Ratio-Test hoch signifikant (beide Tests 0,000).

Die 69 Schweizer mit Sprachproblemen sind einerseits eingebürgerte ehemalige Ausländer mit nicht deutscher bzw. nicht französischer Muttersprache, andererseits Personen, die in einen anderssprachigen Landesteil gezogen sind, in einem zweisprachigen Kanton nur eine der beiden Sprachen gut beherrschen oder deren Kenntnisse in einer Fremdsprache, z. B. in Englisch, die sie für ihren Beruf benötigen, nicht ausreichend sind . Zwei Drittel der Ausländer ohne Stelle sehen sich nicht durch Sprachprobleme auf dem Arbeitsmarkt behindert.

Schwierigkeiten bei der Stellensuche, weil sie nur Teilzeit arbeiten können, bekundeten vor allem Frauen, aber auch einige Männer:

Tabelle 28: **Die Arbeitszeit als Problem bei der Stellensuche nach Geschlecht**

Kann nur Teilzeit arbeiten	Männer	Frauen
Ja	27 (8,0 %)	108 (26,5 %)
Nein	310 (92,0 %)	300 (73,5 %)
Total	337 (100,0 %)	408 (100,0 %)

Dieser Unterschied ist gemäss Pearson- und Likelihood-Ratio-Test signifikant (beide Test 0,000).

Fast ein Viertel der 759 antwortenden Ausgesteuerten ohne Arbeit suchte im Zeitpunkt der Befragung nicht mehr weiter nach einer Stelle:

Tabelle 29: Wird die Stellensuche fortgesetzt?

Wird die Stellensuche fortgesetzt?	Anzahl
Ja	538 (70,9 %)
Nein	183 (24,1 %)
Fehlende Angabe	38 (5,0 %)
Total	759 (100,0 %)

Als Gründe für den Verzicht auf die weitere Stellensuche wurden unter anderem angegeben: Rückzug in die Familie (Hausfrau, Hausmann, Kindererziehung, kleine Kinder), Erreichen des ordentlichen Pensionsalters, gesundheitliche Probleme, Bezug einer Rente der Invalidenversicherung.

Aus der Gruppe der über 49-jährigen sahen sich 37 % nicht mehr nach Arbeit um, aus den beiden übrigen Altersgruppen nur 22 % bzw. 19 %. Für ältere Ausgesteuerte ist die Arbeitssuche anscheinend so schwierig, dass viele resignieren. Unter den Frauen gaben mit 31 % mehr die Arbeitssuche auf als unter den Männern mit 19 %. Unter den Frauen haben wahrscheinlich etliche Zweitverdienerinnen die Stellensuche aufgegeben.

Für mehr als die Hälfte der 538 Personen ohne Stelle, die weiterhin auf der Suche waren, kam nur eine Arbeit an ihrem Wohnort oder in ihrer Region in Frage:

Tabelle 30: Mobilitätsbereitschaft

In welchem Umkreis wird Arbeit gesucht?	Anzahl	
Am Wohnort oder in der Region	287	(53,3 %)
Im ganzen Kanton	143	(26,6 %)
In der ganzen Schweiz	57	(10,6 %)
In der Schweiz und im Ausland	45	(8,4 %)
Fehlende Angabe	6	(1,1 %)
Total	538	(100,0 %)

Die Ausgesteuerten ohne Arbeit sind wenig mobil. Über den Kanton hinaus sucht nur knapp jeder Fünfte nach einer Stelle. Diese geringe Mobilität setzt die Chancen bei der Stellensuche herab.

Gegen ein Drittel der 538 Personen ohne Stelle, die weiterhin auf der Suche waren, könnte für eine neue Stelle einen Wohnortswechsel in Kauf nehmen, fast zwei Drittel nicht:

Tabelle 31: Wohnortswechsel möglich?

Kann ein Wohnortswechsel in Kauf genommen werden?	Anzahl	
Ja	163	(30,3 %)
Nein	343	(63,8 %)
Fehlende Angabe	32	(5,9 %)
Total	538	(100,0 %)

Auch hier zeigt sich die geringe Mobilitätsbereitschaft der antwortenden Ausgesteuerten ohne Arbeit. Nicht wenige darunter sind wohl an ihren Wohnort gebunden, z. B. wegen der Arbeit des Partners oder wegen Wohneigentum.

6.7 Fragen an alle Befragten: Teilnahme an Kursen und Beschäftigungsprogrammen, Erleben der Aussteuerung und Reaktion der Umgebung

Mehr als ein Drittel aller antwortenden Ausgesteuerten besuchten in der Zeit, in der sie Arbeitslosenentschädigung bezogen, einen Kurs, der vom Arbeitsamt angeboten wurde:

Tabelle 32: Kursbesuch

Vom Arbeitsamt angebotener Kurs besucht?	Anzahl	
Ja	570	(37,3 %)
Nein	890	(58,2 %)
Fehlende Angabe	68	(4,5 %)
Total	1528	(100,0 %)

Erfreulicherweise absolvierte eine recht grosse Anzahl der Antwortenden einen Kurs. Wenn Ausländer sich nicht auf Deutsch bzw. Französisch ausdrücken können, sind sie bei der Stellensuche stark behindert. Generell haben gut ausgebildete Berufsleute bessere Chancen auf dem Arbeitsmarkt. Deshalb sind Sprachkurse und berufliche Weiterbildungen für viele Arbeitslose nötig.

Ein Sechstel aller antwortenden Ausgesteuerten nahm an einem Beschäftigungsprogramm teil:

Tabelle 33: Teilnahme an einem Beschäftigungsprogramm

Teilnahme	Anzahl
Ja	250 (16,4 %)
Nein	1162 (76,0 %)
Fehlende Angabe	116 (7,6 %)
Total	1528 (100,0 %)

Im Kanton Genf ist der Anteil der antwortenden Ausgesteuerten, die an einem Beschäftigungsprogramm teilnahmen, mit 34 % besonders hoch.

56 % aller antwortenden Ausgesteuerten erlebten ihre Aussteuerung eher schlecht oder sehr schlecht, 37 % mittel oder eher gut:

Tabelle 34: Wie wurde die Aussteuerung erlebt?

Wie wurde die Situation der Aussteuerung erlebt?	Anzahl
Eher gut	160 (10,5 %)
Mittel	402 (26,3 %)
Eher schlecht	454 (29,7 %)
Sehr schlecht	403 (26,4 %)
Fehlende Angabe	109 (7,1 %)
Total	1528 (100,0 %)

Für viele Ausgesteuerte bedeutet die Aussteuerung eine sehr schwierige und einschneidende Situation in ihrem Leben. Es verwundert deshalb nicht, dass die Aussteuerung oft als eher schlecht oder sehr schlecht erlebt wird. Aufgrund verschiedener Bemerkungen auf den Fragebogen, die antwortende Ausgesteuerte anbrachten, kann vermutet werden, dass unter denjenigen, die die Aussteuerung als eher gut erlebten, vor allem Personen sind, denen die Aussteuerung wenig Schwierigkeiten bereitete, z. B. weil der Partner oder die Partnerin genügend verdiente, das ordentliche Pensionsalter bald erreicht war oder eine Invalidenrente in Aussicht stand.

Die Umgebung der Ausgesteuerten, also Verwandte und Freunde, reagierte gegenüber 45 % aller Antwortenden mit Verständnis und gegenüber fast einem Drittel mit Gleichgültigkeit oder Ablehnung:

Tabelle 35: Wie reagierte die Umgebung auf die Aussteuerung?

Wie reagierte die Umgebung auf die Aussteuerung?	Anzahl
Mit Verständnis	685 (44,8 %)
Gleichgültig	294 (19,2 %)
Ablehnend	190 (12,4 %)
Sie wissen nichts davon	195 (12,8 %)
Fehlende Angabe	164 (10,7 %)
Total	1528 (100,0 %)

Leider müssen recht viele Ausgesteuerte mit der Gleichgültigkeit oder der Ablehnung ihrer nächsten Umgebung rechnen, in einer Situation, in der sie doch Aufmunterung und Verständnis bräuchten. Oft wird anscheinend in der Aussteuerung ein Makel gesehen. Aus diesen Gründen geben manche gar nicht zu erkennen, dass sie ausgesteuert wurden. Schweizer verbergen ihre Aussteuerung eher (Anteil 16 %) als Ausländer (Anteil 10 %).

7. Ergebnisse der Gruppendiskussionen

Das Ziel war, in jedem der acht beteiligten Kantone eine Gruppendiskussion mit maximal zehn Teilnehmern durchzuführen. Da aufgrund der Erfahrungen von Baumgartner & Henzi (1994) eine geringe Bereitschaft zur Teilnahme zu erwarten war, wurden in jedem Kanton je 150 zufallsmässig ausgewählte ausgesteuerte Personen zu den Gruppendiskussionen eingeladen. Um die zehn Prozent der angeschriebenen Personen je Kanton sandten den Anmeldetalon zurück. Einigen davon passten allerdings alle drei vorgeschlagenen Termine oder der schliesslich aus den drei Vorschlägen ausgewählte nicht; einige andere begründeten, warum sie nicht teilnehmen wollten.

Der Grund für die relativ geringe Zahl von Anmeldungen könnte darin liegen, dass viele der betroffenen Menschen nicht gerne über das Thema Aussteuerung reden. Für manche mag auch eine Hemmschwelle gewesen sein, dass es nicht um Einzelinterviews ging, sondern um Diskussionen mit mehreren einander unbekannten Personen. Ausserdem fühlen sich viele Ausgesteuerte, die wieder eine Stelle gefunden haben, nicht mehr als Betroffene oder möchten nicht von ihren oft unangenehmen Erfahrungen berichten. Für die Diskussionen interessierten sich in der Mehrzahl eher aktive, extrovertierte Menschen, die es wichtig finden, dass über das Problem der Aussteuerung gesprochen wird. Schon deshalb können die Ergebnisse dieser Veranstaltungen nicht als repräsentativ für alle Ausgesteuerten angesehen werden. Sie bilden aber eine wertvolle und wichtige Ergänzung zu den quantitativen Erhebungen.

Die Gruppendiskussionen fanden statt in:

- Basel am 14. Februar 1995 mit drei Personen
- Liestal am 21. Februar 1995 mit sieben Personen
- Freiburg am 1. März 1995 mit sieben Personen
- Genf am 7. März 1995 mit sechs Personen
- Martigny am 14. März 1995 mit sieben Personen

- Biel am 20. März 1995 mit vier Personen

- Aarau am 27. März 1995 mit elf Personen

- Solothurn am 4. April 1995 mit vier Personen

Mit mehreren Personen, die am festgelegten Termin schon anderweitig engagiert waren oder die nicht teilnehmen wollten, wurden kürzere oder längere Telefongespräche geführt. Mehrere Personen, die auf eine Teilnahme verzichteten, gaben schriftliche, zum Teil ausführliche Informationen. Mit einer Person wurde ein Einzelinterview durchgeführt. Diese zusätzlichen Ergebnisse wurden ebenfalls in diesen Bericht verarbeitet.

Die Teilnehmer an den Gruppendiskussionen sind nicht repräsentativ für die Gesamtheit der Ausgesteuerten in den acht beteiligten Kantonen. Die Männer waren zahlreicher als die Frauen (es beteiligten sich 36 Männer und nur dreizehn Frauen), und die Personen schweizerischer Nationalität waren ebenfalls übervertreten. Acht der Teilnehmer waren bis 29 Jahre, 33 zwischen 30 und 49 Jahre und acht über 49 Jahre alt, sodass auch hier keine Repräsentativität vorliegt. Das Ziel der Gruppendiskussionen bestand jedoch nicht darin, quantitative Daten zu beschaffen, sondern ergänzende qualitative Erkenntnisse zu gewinnen, und dafür wird keine repräsentative Stichprobe benötigt.

7.1   Wie wird die Aussteuerung erlebt?

Für die meisten Teilnehmer und Teilnehmerinnen der Gruppendiskussionen bedeutet die Aussteuerung ein sehr einschneidendes Ereignis in ihrem Leben. Manche bringt die Aussteuerung in eine Krise, die zum Teil sehr weitreichende Folgen haben kann: Eine Teilnehmerin sagte, sie habe schwere Depressionen bekommen und ärztlicher Behandlung bedurft, müsse Medikamente nehmen und sei zur Rentnerin der Invalidenversicherung geworden. Einige weitere berichteten ebenfalls, sie hätten unter Depressionen gelitten. Ein Teilnehmer äusserte, er sei nur dank psychotherapeutischer Hilfe aus seinem Tief heraus gekommen. Eine Frau, die eine Einladung zur Gruppendiskussion erhielt, schrieb, sie wolle nicht teilnehmen, "weil ich mein damaliges psychisches Tief nicht wieder auffrischen möchte". Mehrere Teilnehmer erklärten, die Situation der Aussteuerung habe ihnen so zugesetzt, dass sie nur noch mit Hilfe vom Medikamenten hätten schlafen können. Eine etwa 50-jährige Frau sagte, sie habe sich in der Folge der Aussteuerung eine körperliche Krankheit zugezogen: Die Bewegungsunfähigkeit ihres einen Arms sei nach Ansicht der behandelnden Ärzte auf ein ernstes Trauma zurückzuführen. Ein relativ junger Mann gab zu Protokoll, er habe grosse Schwierigkeiten, die Situation der Aussteuerung psychisch zu verkraften, und seither zwei Magengeschwüre gehabt.

Die Kontakte mit Freunden und Verwandten scheinen oft durch die Aussteuerung beeinträchtigt zu sein. Ein Teilnehmer hat sich ganz in sich selber zurückgezogen und den Kontakt zu seiner Familie und zu seinen Freunden vollständig verloren. Er ertrage es nicht mehr, mit anderen über seine Situation zu sprechen, lebe ganz isoliert, gehe nicht mehr aus und nehme nicht einmal mehr mit jemandem telefonische Verbindung auf. Ein anderer Teilnehmer berichtete, er habe tagelang keine Post mehr geöffnet, weil er nur noch Absagen und Rechnungen erwartet habe, ein weiterer, er habe aus ähnlichen Gründen tagelang kein Telefon mehr abgenommen. Viele Teilnehmer haben das Gefühl, von ihrer Umgebung zurückgestossen oder nicht verstanden zu werden. Eine Teilnehmerin berichtete, sie habe nach ihrer Aussteuerung von einigen Bekannten und sogar von Familienangehörigen Unverständnis und Ablehnung erfahren. Erst jetzt, wo das Geschäft ihres Bruders nicht mehr so gut laufe, könne sich dieser eher in ihre Lage versetzen. Ein Teilnehmer klagte, er sei im Männerchor, wo er früher sehr geachtet gewesen sei, nach seiner Aussteuerung ausgegrenzt worden. Ein Teilnehmer erwähnte, auch in einer guten Partnerschaft entstünden durch die Aussteuerung ernsthafte Konflikte und Krisen.

Ausgesteuerte fühlen sich häufig ausgegrenzt und auf ein soziales Abstellgleis geschoben. Zwei Teilnehmer, die vorher Kaderpositionen ausgeübt hatten und nach der Aussteuerung bei der Arbeitslosenhilfe die Unterstützung der Fürsorge in Anspruch nehmen mussten, erlebten dies als einen "ungeheuren Abstieg". Einer sagte, es sei sehr schwer zu ertragen, "plötzlich zur letzten Randgruppe zu gehören". Ein Teilnehmer erzählte, die Erlebnisse im Zusammenhang mit seiner zweimaligen Aussteuerung hätten ihn so sehr geprägt, dass er beantragt habe, seinen Namen und seinen Vornamen amtlich ändern zu lassen. Privat verwende er schon die neuen Namen.

Die Krise nach der Aussteuerung kann aber auch positive Impulse auslösen: Weil sie bei der Stellensuche im angestammten Beruf als Sekretärin keinen Erfolg hatte, wagte eine Teilnehmerin den Start in eine selbständige Tätigkeit im Bereich der Alternativ-Medizin. Ein Teilnehmer machte sich im EDV-Bereich selbständig. Ein junges Paar eröffnete eine Informatik-Schule, die Kurse für Arbeitslose durchführt. Alle Mitarbeiter dieser Schule sind ehemalige Arbeitslose. Ein Teilnehmer wandelte sein Chalet in den Bergen in eine Ferien-Pension um. Mehrere Teilnehmer sind ernsthaft daran, eine selbständige Tätigkeit vorzubereiten. Mit wenig Geld zu leben war für eine Teilnehmerin eine gute Erfahrung. Sie habe gelernt, wieder mehr zu schätzen, was sie noch hatte, vor allem das Nicht-Materielle. Sie habe jetzt auch mehr Verständnis für die Mitmenschen. Ein junger Mann, der in einem besetzten Haus wohnt, weil er keine Miete bezahlen kann, setzt sich aktiv für das Recht auf Wohnen ein. Nach seiner Ansicht haben Leute, die sich wie die Ausgesteuerten in einer schwierigen Lage befinden, wenig Aussicht, sich daraus zu befreien, wenn sie nicht anständig leben können. Aus seiner persönlichen Erfahrung heraus sei er von der Notwendigkeit, für die fundamentalen Rechte zu kämpfen, überzeugt.

Einige Teilnehmer beklagten sich, sie hätten Freunde und Bekannte über ihre Aussteuerung informiert, in der Hoffnung; Hilfe zu erhalten, seien aber nur Reaktionen wie „ich habe Dir ein Stelleninserat ausgeschnitten" und Pseudo-Ratschlägen begegnet. Ein Teilnehmer betonte dagegen, wie sehr ihm der Kontakt und das Gespräch mit anderen Menschen geholfen hätten, um seine schwierige Situation als Ausgesteuerter zu bewältigen. Man dürfe sich in einer solchen Lage auf keinen Fall isolieren. Er habe bewusst die alten Kontakte weiter gepflegt und ständig neue geknüpft, sogar wildfremde Leute an der Strassenecke angesprochen. Eine Teilnehmerin sagte dazu, wenn man als Ausgesteuerter über seine Situation rede, werde man sichtbar.

Wie wertvoll der Austausch von Erfahrungen und Gedanken ist, zeigten auch die Gruppendiskussionen selbst. Jeder Teilnehmer und jede Teilnehmerin konnte irgendwie davon profitieren. Es tat ihnen gut, andere Menschen, die sich in der gleichen Situation befanden, zu treffen. In Laufe der Diskussionen bildete sich unter den Teilnehmern bald eine spürbare Solidarität. Teilnehmer mit einer sehr positiven Lebenseinstellung konnten andere mit ihrer Energie und Zuversicht anstecken. Ein ehemaliger Gewerkschafter, der sich an einer Diskussion beteiligte, gab verschiedene nützliche Ratschläge, die grosses Interesse hervorriefen. Beim Aperitif lernten sich manche persönlich näher kennen, vereinbarten, im Kontakt zu bleiben, und tauschten Adressen aus. Eine Teilnehmerin, die - wie sie betonte - sich sehr überwinden musste, an die Diskussion zu kommen, und der gemäss ihren Aussagen das Weinen am

Anfang des Gesprächs zuvorderst war, ging in sichtlich aufgehellter Stimmung nach Hause. Eine solche positive Wirkung war auch bei anderen Teilnehmern zu bemerken.

7.2   Probleme bei der Stellensuche

Das Alter stellt für viele Teilnehmer eines der wichtigsten Hindernisse bei der Stellensuche dar. Eine 43-jährige Sekretärin berichtete, sie sei schon mehrmals von Firmen abgelehnt worden, weil sie zu alt sei. Ein 48-jähriger technischer Kaufmann und eine 53-jährige kaufmännische Mitarbeiterin erwähnten ebenfalls, sie seien schon häufig wegen ihres Alters nicht eingestellt worden. Ein 61-jähriger ehemaliger kaufmännischer Direktor klagt, mehr als 300 Bewerbungen geschrieben zu haben und trotzdem erfolglos geblieben zu sein. Er meint, dass bei Stellenbesetzungen meistens nur noch Leute zwischen 25 und 40 Jahren berücksichtigt werden. Zwei bald 65-jährige Teilnehmer sehen überhaupt keine Chance mehr, noch irgendwo angestellt zu werden. Verschiedenen Teilnehmern fällt auf, dass die Firmen immer mehr jüngere Mitarbeiter, die aber trotzdem langjährige Erfahrung haben sollen, suchen. Generell würden die Anforderungen an Stellenbewerber immer höher, z. B. sei von einer Sekretärin verlangt worden, fünf Sprachen zu beherrschen. Die langjährige Firmentreue scheint nicht mehr immer positiv beurteilt zu werden. Ein Teilnehmer, der 21 Jahre lang im gleichen Betrieb arbeitete, berichtete, er sei mehrmals mit der Begründung, wer so lange am gleichen Ort bleibe, sei nicht mehr genügend flexibel und anpassungsfähig, von neuen Arbeitgebern abgelehnt worden.

Eine ungenügende - manchmal auch eine zu spezialisierte - Ausbildung und Sprachprobleme sind weitere oft genannte Hemmnisse bei der Stellensuche. Eine türkische Ökonomin, die früher im türkischen Finanzministerium arbeitete, konnte in der

Schweiz - unter anderem wegen Sprachproblemen - nur Hilfsarbeiten finden. Ein Elektroinstallateur, der aus der Romandie stammt, führt Absagen zum Teil darauf zurück, dass er nicht Schweizerdeutsch spricht. Ein 26-jähriger Mechaniker hat Probleme bei der Stellensuche, weil er wegen eines Motorradunfalls behindert ist. Eine Arbeiterin ist nach einer Operation gesundheitlich angeschlagen, was ihr die Arbeitssuche erschwert, und hat ein Gesuch um Leistungen der Invalidenversicherung gestellt. Eine alleinerziehende Mutter kann nur zu 50 % arbeiten und will zudem in einen anderen als den erlernten Beruf wechseln. Teilnehmer, die früher Kaderpositionen inne hatten, bezeichnen die Stellensuche als besonders schwierig. Einige der Teilnehmer, die zuvor Kaderpositionen ausübten, sind jünger als 40 Jahre. Sie sehen ihre Zukunftschancen in einer selbständigen Erwerbstätigkeit, die sie gegenwärtig vorbereiten.

Ein Teilnehmer warnt vor unseriösen Inseraten. Man solle keine Anstellung annehmen, für die eine finanzielle Beteiligung verlangt werde, sonst verliere man sein Geld. Eine Teilnehmerin empfiehlt, nicht nur die Stelleninserate zu lesen, sondern möglichst viele Leute darüber zu informieren, dass man eine Stelle sucht. So könne man manchmal von Stellenangeboten, die gar nicht ausgeschrieben werden, erfahren.

7.3 Wovon leben die Teilnehmer?

Mehrere Männer und Frauen, die an den Diskussionen nicht teilnehmen konnten oder wollten und mehrere Teilnehmer haben wieder eine Stelle gefunden. Öfters ist der neue Arbeitsplatz nicht im angestammten Beruf und/oder befristet und der Verdienst - manchmal erheblich - tiefer als vor der Arbeitslosigkeit. Ein Teilnehmer hat eine Teilzeit-Stelle von 20 % und absolviert daneben einen Kurs in Erwachsenenbildung. Seine Frau finanziert als Sekundarlehrerin den grössten Teil des Lebensunterhalts.

Eine Teilnehmerin arbeitet für ein halbes Jahr im Rahmen eines Beschäftigungsprogramms als Aushilfe in einem Kindergarten. Zwei Teilnehmerinnen fanden ihre Stelle durch persönliche Kontakte, nicht durch Inserate. Mehrere Teilnehmer konnten sich Gelegenheitsarbeiten und Zwischenverdienst verschaffen, manchmal aber nur für einige Wochen.

Die Selbständigkeit wird von recht vielen Teilnehmern als Ausweg aus der Arbeitslosigkeit gesehen: Ein Teilnehmer hat sich im EDV-Bereich selbständig gemacht. Eine Teilnehmerin ist seit einem Jahr in der Alternativ-Medizin selbständig, jedoch daneben noch auf die Unterstützung durch die Fürsorge angewiesen. Mehrere andere Teilnehmer haben ebenfalls mit einer selbständigen Tätigkeit begonnen oder planen dies zu tun. Eine Teilnehmerin berichtet, ihr Versuch, sich einen selbständigen Erwerb aufzubauen, sei wegen zu geringen finanziellen Mitteln gescheitert. Ein Teilnehmer will es nach einer ersten erfolglosen Selbständigkeit ein zweites Mal wagen. Der Aufbau einer selbständigen Tätigkeit ist oft sehr schwierig, und der Verdienst meistens längere Zeit gering.

Mehrere Teilnehmer aus dem Kanton Genf erhalten das neue Mindesteinkommen, das von der Fürsorge ausbezahlt wird, andere nehmen an Beschäftigungsprogrammen teil oder haben Nebeneinkünfte. Drei Teilnehmer, die mehr als 55 Jahre alt sind, haben die Hoffnung, eine neue Arbeit zu finden, aufgegeben. Sie haben begonnen, von ihrem Guthaben aus der beruflichen Vorsorge zu zehren.

Für mehrere Teilnehmer bestreitet der (Ehe)partner oder die (Ehe)partnerin den Lebensunterhalt. Zwei Teilnehmer, einer davon 52-jährig, leben wieder bei den Eltern, um Geld zu sparen. Ein ehemaliger Kadermitarbeiter, der wegen Krankheit an der Diskussion nicht erscheinen konnte, wird von seiner Mutter und von seiner Frau, die noch Arbeit hat, unterstützt. Einige Teilnehmer leben so lange wie möglich von ihren

Ersparnissen; einer davon hat nach und nach seinen ganzen Besitz verkauft. Eine Teilnehmerin musste Kredite aufnehmen. Ein Teilnehmer erhielt eine Zeit lang, eine Teilnehmerin immer noch eine Rente der Invalidenversicherung.

Drei Teilnehmer, die alle früher eine Kaderfunktion inne hatten, mussten sich an die Fürsorge wenden. Einer davon lebte nach seiner Aussteuerung aus der Arbeitslosenhilfe noch ein halbes Jahr lang von Ersparnissen und Gelegenheitsarbeiten, weil er den Gang zur Fürsorge unbedingt vermeiden wollte. Sich bei der Fürsorge zu melden, sei für ihn besonders schwer gewesen. Für einen anderen Teilnehmer war der Gang zur Fürsorge besonders peinlich, weil er früher dem Gemeinderat angehörte. Eine Teilnehmerin aus dem Kanton Solothurn sorgte sich sehr, dass die Nothilfe abgeschafft werde; Fürsorgeleistungen zu beziehen sei viel schlimmer als Nothilfe zu erhalten. Mehrere Teilnehmer versicherten, sie würden sich auf keinen Fall an die Fürsorge wenden. Eine Frau, die nicht an einer Diskussion teilnahm, schrieb, sie würde sich eher umbringen als von der Fürsorge abhängig zu werden. Der Gang zur Fürsorge wird anscheinend vielfach immer noch als Schande empfunden. Eine Teilnehmerin dagegen sagte, sie würde sich sofort bei der Fürsorge melden, wenn ihre Arbeitslosenhilfe ausgeschöpft sei.

7.4   Kritik und Wünsche einzelner Teilnehmer

Viele Teilnehmer erklärten, sie seien von den Arbeitsämtern enttäuscht. Am meisten wurde kritisiert, es mangle an Informationen und Unterstützung, das Personal sei ungenügend ausgebildet und die Verfahren seien kompliziert. Ein ausländischer Teilnehmer mit Sprachproblemen äusserte, er habe grosse Schwierigkeiten mit dem Arbeitsamt. Er verstehe weder die Vorschriften noch die Anforderungen, und niemand habe sich die Mühe genommen, ihm all dies zu erklären. Ein anderer Teilnehmer gab seinem Erstaunen Ausdruck, dass das Genfer Arbeitsamt über keine Dokumentation, in der die Rechte und Pflichten der Arbeitslosen umfassend aufgeführt sind, verfüge. Es sei die „association de défense des chômeurs" gewesen, die eine solche Dokumentation herausgegeben habe. Ein Teilnehmer, der selbst im Rahmen eines Beschäftigungsprogramms in einem Arbeitsamt gearbeitet hatte, fand, das Personal müsse besser ausgebildet werden, um mit angeschlagenen Menschen umzugehen.

Zwei Teilnehmer haben in der Folge eines Beschäftigungsprogramms eine Stelle gefunden. Die meisten Teilnehmer waren jedoch der Ansicht, die Arbeitsämter brächten die Stellensuchenden und die Firmen mit offenen Stellen zu wenig gut in Einklang. Ein Teilnehmer erzählte, das Arbeitsamt habe ihm eine offene Stelle vorgeschlagen. Als er sich bei der betreffenden Firma habe vorstellen wollen, sei ihm aber zu seiner Verärgerung mitgeteilt worden, diese Stelle sei schon seit drei Monaten wieder besetzt. Ein Teilnehmer, der nach seiner Aussteuerung eine kleine Firma aufbaute, berichtete, er habe sich ans Arbeitsamt gewandt, weil er eine arbeitslose Sekretärin habe einstellen wollen. Man habe ihm zu seinem Erstaunen mitgeteilt, keine vermitteln zu können.

Im Zusammenhang mit der Stellenvermittlung bedauerte ein Diskussionsteilnehmer, nicht selbst das Stellenangebot am Bildschirm des Arbeitsamts betrachten zu können und wünschte, den Monitor einfach "umdrehen" zu können. Eine Teilnehmerin fand es mühsam, dass die Informationen über offene Stellen so verstreut sind und das Arbeitsamt nur über einen kleinen Teil davon verfügt. Die Teilnehmer stimmten darin überein, dass es sehr wichtig und hilfreich wäre, wenn es im Arbeitsamt ein möglichst vollständiges Verzeichnis der Stellenangebote gäbe und dieses ständig auf den neuesten Stand gebracht würde. Ausserdem wurde vorgeschlagen, das Arbeitsamt solle sowohl die Arbeitslosen wie auch die Ausgesteuerten intensiver begleiten, indem es Zusammenkünfte organisiere und ein wirkliches Informationsnetz aufbaue.

Auf diese Weise könnten der Austausch, die Solidarität und die gegenseitige Hilfe unter den Arbeitslosen gefördert und manche Aussteuerung verhindert werden. Eine solche Begleitung, die nicht nur aus Kontrolle bestünde, könnte mithelfen, die Probleme, mit denen Langzeitarbeitslose und Ausgesteuerte zu kämpfen haben, erfolgreicher anzugehen. Ein Teilnehmer meinte, man könnte viel bewirken, wenn man Arbeitslose durch erfahrene Arbeitslose, z. B. ehemalige Angehörige des Kaders, schulen liesse.

8. Schlussfolgerungen

Die in diesem Kapitel behandelten Inhalte beruhen auf die Resultate des vorliegenden Forschungsberichts und auf deren Interpretation. Es ist möglich, aus den Resultaten Schlussfolgerungen abzuleiten. Massnahmen, die eventuell in die Wege zu leiten sind, sind jedoch politischer Natur. Solche Massnahmen konkret vorzuschlagen, war deshalb nicht die Aufgabe der vorliegenden Studie.

8.1 Aussteuerung als statistisches Problem

In der Schweiz waren 1994 durchschnittlich 170'000 Arbeitslose registriert. Seitdem ist die registrierte Arbeitslosigkeit zurückgegangen, im Zeitpunkt der Befragung im Juni 1995 auf 146'000. Angesichts der hohen Zahl an Ausgesteuerten (gesamte Schweiz 1993 und 1994 zusammen rund 65'000 Personen) stellt sich die Frage nach deren Verbleib. 22 % der Ausgesteuerten der Jahre 1993 und 1994 in den betrachteten acht Kantonen waren im Juni 1995 in der Arbeitslosenstatistik erfasst. Entsprechend der vorliegenden Untersuchung war im Zeitpunkt der Befragung etwa die Hälfte der Ausgesteuerten der Jahre 1993 und 1994 ohne Arbeit. Davon suchte ein Viertel keine Arbeit mehr. Die Rückzugsgründe sind einerseits die Versorgung der Familie insbesondere unter den Frauen, andererseits vorzeitige Pensionierung, Invalidität und gesundheitliche Probleme. Oft wurde aber im Rahmen der Befragung und im Zusammenhang mit der Gruppendiskussion erwähnt, dass die Entscheidung nicht unabhängig vom Erwerbstatus 'Arbeitslosigkeit' getroffen wurde. Hochgerechnet auf die Schweiz ist aufgrund der 65'000 Aussteuerungen in den Jahren 1993 und 1994 davon auszugehen, dass im Zeitpunkt der Befragung 24'500 Personen ohne Erwerb und weiter auf der Suche nach Arbeit waren, davon waren 14'000 Personen in der Arbeitslosenstatistik registriert. Nicht berücksichtigt sind dabei die Ausgesteuerten der Vorjahre und jene in der jüngsten Zeit.

In Kantonen mit Arbeitslosenhilfe beziehen viele Ausgesteuerte Sozialhilfe, ohne dass sie vorher Arbeitslosenhilfe erhielten oder von der Arbeitslosenhilfe ausgesteuert wurden. Wenn ermittelt werden soll, wie viele Ausgesteuerte sich an die Sozialhilfe wenden mussten, erhält man eine möglichst alle Fälle umfassende Zahl, wenn man in die betreffende Erhebung alle Ausgesteuerten und nicht nur diejenigen, die von der Arbeitslosenhilfe ausgesteuert wurden, einbezieht. Für den Einbezug möglichst aller Fälle ist es ausserdem nützlich, eine Erhebung bei der Sozialhilfe erst ungefähr ein Jahr nach dem Aussteuerungsdatum bei der Arbeitslosenversicherung durchzuführen, denn wer zuerst Arbeitslosenhilfe bezieht, erscheint erst nach einer zeitlichen Verzögerung bei der Sozialhilfe. (Vgl. Kapitel 5).

8.2   Aussteuerung als soziales Problem

Die Arbeit ist, aus soziologischer Sicht gesehen, nach der Familie einer der wesentlichen Bestimmungsfaktoren für die Integration des Individuums in die Gesellschaft. Gemäss Durkheim (1937) war eine Gesellschaft nie eine einfache Summe von Einzelnen sondern ein System, das durch ihre Verbindung geformt wird. Aus dieser Verbindung entsteht das soziale Leben: Einzelne stehen miteinander in geschäftlicher und moralischer Beziehung. Das sind die Grundprinzipien eines gemeinschaftlichen Lebens.

In unserer Gesellschaft ist die Arbeit ein wichtiger Bestimmungsfaktor der Sozialisation. Sie gibt jedem Individuum seine Form der Zugehörigkeit zur Gemeinschaft und definiert seinen sozialen und finanziellen Status. Die Personen, die eine soziale

Gemeinschaft bilden, müssen einen gemeinsamen Nenner, das heisst Normen, Werte und Symbole, die für alle gültig sind und ihre Identität schaffen, haben (Rocher, 1968). Unter den Ausgesteuerten ist dies aufgebrochen, denn sie haben mit ihrer Arbeit ihre Übereinstimmung mit und ihre Zugehörigkeit zur Gruppe verloren. Die berufliche Einbindung spielt in den sozialen Beziehungen eine entscheidende Rolle und das Verschwinden dieser Einbindung bewirkt einen gewissen Identitätsverlust. Die Arbeit befindet sich im Zentrum eines Netzes von Aktivitäten und sozialen Beziehungen. Die Arbeitslosen, und besonders die Ausgesteuerten, sind dieses Netzes beraubt, es fehlt ihnen die Anerkennung eines gewissen sozialen Status, den ihnen die Arbeit verschaffte, und sie finden sich an den Rand der Gemeinschaft gedrängt.

Gemäss den vorliegenden Resultaten gaben 56 % der antwortenden Ausgesteuerten an, die Situation der Aussteuerung eher schlecht oder sehr schlecht erlebt zu haben (vgl. Tabelle 34). Dies ist nicht nur auf die finanziellen Probleme, die die Aussteuerung verursacht, zurückzuführen sondern auch auf die Erfahrung der Ausgrenzung und der Randständigkeit (siehe auch das Kapitel „Ergebnisse der Gruppendiskussionen"). Die Einstellung der engeren Umgebung, der Freunde und Verwandten, zeigt die oft ablehnende Haltung gegenüber den Ausgesteuerten ebenfalls (vgl. Tabelle 35).

Die finanziellen Probleme, die mit der Aussteuerung verbunden sind, haben auch eine soziale Bedeutung: 88 % der antwortenden Ausgesteuerten, die im Zeitpunkt der Befragung noch ohne Arbeit waren, mussten ihren Lebensstandard ein wenig (32 %) oder stark (56 %, vgl. Tabelle 23) herabsetzen. Diese Einschränkungen berühren zu einem grossen Teil das soziale Leben: das Ausgehen (74 %) und die Ferien (68 %, vgl. Tabelle 24), wo sich noch Möglichkeiten zum Austausch bieten und der Einzelne soziale Kontakte, die das (fehlende) Berufsleben nicht mehr vermittelt, knüpfen kann. Ausserdem wird an den Kleidern gespart (73 %). Einerseits betrifft

125

dies das Privatleben, andererseits darf nicht vergessen werden, dass die Kleidung oft gegenüber anderen Menschen die Bedeutung einer „Visitenkarte" hat.

Sogar für diejenigen Ausgesteuerten, die wieder eine Arbeit gefunden haben, hat die Zeit der Arbeitslosigkeit und der Aussteuerung Folgen. Viele müssen eine Arbeit, mit der sie weniger als vor der Arbeitslosigkeit verdienen, annehmen (vgl. Tabelle 14): Zwei Drittel der Personen, die wieder über eine Stelle verfügen, erhalten weniger Lohn als vor der Arbeitslosigkeit, ein Sechstel (16 %) weniger als die Hälfte. „Das lässt darauf schliessen, dass die Arbeitslosigkeit von den meisten Befragten als Belastung erlebt wird, der man auch zum Preis eines Lohnverlustes entflieht, falls sich eine Möglichkeit dafür ergibt." (IPSO, 1995, S. 5) Diese Aussage trifft umso mehr auf die Ausgesteuerten zu, die noch länger ohne Arbeit sind und kein Anrecht auf Taggelder der Arbeitslosenversicherung mehr haben. Bei einem Drittel der antwortenden wieder erwerbstätigen Ausgesteuerten entspricht die neue Arbeit den Vorstellungen und Wünschen zu Beginn der Arbeitssuche, bei zwei Dritteln teilweise oder nicht (vgl. Tabelle 19). Diese Personen sind oft gezwungen, mit der neuen Arbeit eine Rückstufung in der Rangordnung anzunehmen. Dies drückt sich, wie weiter oben erwähnt, in einem niedrigeren Lohn aus, aber auch in einem niedrigeren Status innerhalb der Gesellschaft (vgl. Tabelle 20).

Eines der wichtigsten Resultate der vorliegenden Arbeit betrifft die soziale Wiedereingliederung der Ausgesteuerten im allgemeinen und ihre berufliche Reintegration im speziellen. Je länger eine Person arbeitslos ist, desto mehr Mühe hat sie, sich wieder ins Erwerbsleben einzugliedern, vor allem wenn sie mehr als 50 Jahre alt ist (vgl. Tabelle 8). Im Zeitpunkt der Befragung hatte die Hälfte der antwortenden Ausgesteuerten wieder eine Arbeit gefunden. Dies bedeutet jedoch nicht unbedingt eine wirkliche Stabilität: Dies zeigt die grosse Anzahl der Stellen, die nicht fest sind. 29 % der antwortenden wieder erwerbstätigen Ausgesteuerten haben eine befristete

126

Stelle, eine temporäre Arbeit oder einen Platz in einem Beschäftigungsprogramm, womit nur eine zeitweilige Wiedereingliederung in die Arbeitswelt erreicht ist (vgl. Tabelle 18). Ausserdem haben manche Ausgesteuerte nur eine Teilzeit-Arbeit gefunden (13 % der antwortenden Personen mit einer neuen Stelle, vgl. Tabelle 20), und für 42 % der antwortenden wieder erwerbstätigen Ausgesteuerten deckt die neue Arbeit den Lebensunterhalt nicht (vgl. Tabelle 13).

8.3   Aussteuerung als wirtschaftliches Problem

Die Kontroverse um die Arbeitslosenversicherung und gegebenenfalls um die Arbeitslosenhilfe ist zum einen durch den sozialpolitischen Auftrag geprägt. Einerseits sollen die Arbeitslosenversicherung und die Arbeitslosenhilfe erreichen, dass unfreiwillig erwerbslose Personen trotz Stellenlosigkeit über ein angemessenes Ersatzeinkommen verfügen. Andererseits sollen die Unterstützungssysteme nicht ihrerseits zu einer Erhöhung der Arbeitslosigkeit beitragen. Im übrigen befriedigte die bis anhin geltende Lösung nicht, weil sie Versicherten mit besonders ausgeprägten Schwierigkeiten bei der Stellensuche eher wenig bringt (vgl. hierzu auch 'Die 2. Teilrevision im Lichte der vorliegenden Ergebnisse').

Im ersten Monat nach der Aussteuerung fanden ein Zehntel, in der ersten 3 Monaten 22 % und im ersten Halbjahr nach der Aussteuerung etwa 31 % aller Ausgesteuerten eine Stelle (vgl. Tabelle 10). Die Ausgesteuerten können jedoch weniger Lohngewinne erzielen und müssen eher Lohneinbussen hinnehmen als Arbeitslose überhaupt (vgl. Tabelle 14 und IPSO, 1995, S. 28). Die teilweise drastische Kürzung des verfügbaren Geldes für den Lebensunterhalt nach der Aussteuerung verstärkt vermutlich die Anreize, auch Stellen anzunehmen, die aus der Arbeitslosigkeit führen und dadurch die Reintegration in die Arbeitswelt einleiten können.

Die schweizerische Arbeitslosenversicherung und die in einigen Kantonen eingerichtete Arbeitslosenhilfe sind einerseits im internationalen Vergleich in der Höhe der ausbezahlten Taggelder grosszügig. Andererseits führt die im internationalen Vergleich kurze Bezugsdauer und der damit ausgelöste Wegfall der Taggelder zu einem erheblichen sozialen Abstieg.

Die Qualität der Wiederbeschäftigung ist unter Ausgesteuerten im Vergleich zur Qualität der Wiederbeschäftigung der Arbeitslosen (IPSO, 1995) schlechter. Die Ausgesteuerten konnten weniger Lohngewinne erzielen und mussten eher Lohneinbussen hinnehmen. Der Anteil der befristeten Stellen ist höher für Ausgesteuerte als für Arbeitslose. Es arbeiten anteilsmässig mehr Ausgesteuerte Teilzeit als unter den von IPSO befragten Arbeitslosen. Ein grosser Teil dieser Ausgesteuerten hätte eine Vollzeitstelle bevorzugt. Andererseits waren manche gezwungen, eine Vollzeitstelle anzunehmen, obwohl sie lieber Teilzeit gearbeitet hätten.

Die eine Hälfte der Ausgesteuerten, die im Zeitpunkt der Befragung keine Arbeit hatte, wurde zu 40 % von ihrem Lebenspartner bzw. ihrer Lebenspartnerin unterstützt, 16 % von Eltern, Freunden, Verwandten und Bekannten und 13 % von der öffentlichen Fürsorge. 20 % lebten von ihren Ersparnissen, 15 % von der Arbeitslosenentschädigung (neue Bezugsberechtigung durch zwischenzeitliche Arbeit) und 8 % von der Rente der Invalidenversicherung. Weitere 7 % hatten eine Rente der Invalidenversicherung beantragt, aber noch keinen Entscheid erhalten (vgl. Tabelle 22). Angesichts der Tatsache, dass 13 % der Ausgesteuerten ohne Arbeit Fürsorgeleistungen beziehen und 15 % entweder Invalidenrenten erhalten oder einen Antrag bei der Invalidenversicherung gestellt haben, werden Fürsorge und Invalidenversicherung durch die Aussteuerungen mit Ausgaben, die anderswo eingesetzt werden könnten, belastet.

8.4 Die zweite Teilrevision des Arbeitslosenversicherungsgesetzes im Lichte der Ergebnisse

Die zweite Teilrevision des Arbeitslosenversicherungsgesetzes vom 23. Juni 1995 setzt einen deutlichen Akzent auf die Wiedereingliederung der Arbeitslosen. Um dieses Ziel zu erreichen, wurde eine breite Palette von arbeitsmarktlichen Massnahmen geschaffen. Zu den arbeitsmarktlichen Massnahmen wie Kurse, Programme zur vorübergehenden Beschäftigung und Einarbeitungszuschüsse, die bereits in der bisher geltenden Fassung des Gesetzes verankert waren und deren Bedeutung in der 2. Teilrevision hervorgehoben wird, kamen die Ausbildungszuschüsse (Arbeitslosenversicherungsgesetz, Artikel 66a) und die Leistungen zur Förderung der selbständigen Erwerbstätigkeit (Artikel 71a) neu hinzu. Die Wiedereingliederungsmöglichkeiten eines jeden Arbeitslosen sollen in Zukunft umfassend abgeklärt werden (Artikel 85). Die zweite Teilrevision des Arbeitslosenversicherungsgesetzes soll hier im Lichte der Ergebnisse der vorliegenden Forschungsarbeit betrachtet werden:

In den an der Untersuchung beteiligten acht Kantonen fand die Hälfte der Ausgesteuerten nach der Aussteuerung wieder eine Stelle (vgl. Tabelle 7). Somit sollte es möglich sein, diese Erfolge bei der Arbeitssuche schon früher, während noch Arbeitslosenentschädigung bezogen wird, zu bewirken, z. B. durch intensive Betreuung und Beratung von Arbeitslosen sowie mittels finanzieller Anreize. Auf diese Weise könnte die Arbeitslosigkeit in vielen Fällen möglicherweise verkürzt und die Arbeitslosenversicherung, die Arbeitslosen- und die Sozialhilfe sowie die Invalidenversicherung finanziell entlastet werden. Die zweite Teilrevision des Arbeitslosenversicherungsgesetzes sieht in Artikel 85, Absatz 1, Buchstabe a, vor, dass die kantonalen Amtsstellen die Arbeitslosen beraten, sich bemühen, ihnen Arbeit zu vermitteln und ihre Wiedereingliederungschancen innerhalb des ersten Monats kontrollierter Arbeitslosigkeit umfassend abklären. Die Kantone richten unter anderem zu diesem Zweck regionale Arbeitsvermittlungszentren ein (Artikel 85b, Absatz 1).

37 % der antwortenden Ausgesteuerten, die im Zeitpunkt der Befragung eine Arbeit hatten, fanden diese durch ihre eigene Initiative (vgl. Tabelle 11). Da die Eigeninitiative bei der erfolgreichen Stellensuche eine so grosse Rolle spielt, sollte sie nach Kräften geweckt und gefördert werden, z. B. in persönlichkeitsorientierten Kursen (bereits bisher nach Artikel 61, Absatz 3, der unverändert übernommen wurde, möglich) und/ oder mit Instrumenten, die die Eigeninitiative belohnen. Sehr wichtige Instrumente zur Förderung der Eigeninitiative könnten die vermehrte intensive Betreuung und Beratung der Arbeitslosen durch die kantonalen Amtsstellen gemäss Artikel 85, Absatz 1, Buchstabe a der zweiten Teilrevision sein. In Beratungsgesprächen könnte zusammen mit jedem Arbeitslosen erarbeitet werden, wie und wo er sich aktiv um Arbeit bemühen sollte. Das reine Verwalten der Arbeitslosen, insbesondere die Stempelkontrolle, würde so durch eine effiziente, individuelle Beratung, die Eigeninitiative und Eigenverantwortung des einzelnen Arbeitslosen verlangt, ersetzt. Gemäss Artikel 17, Absatz 2 der zweiten Teilrevision kann die Stempelkontrolle aufgehoben werden, wenn geeignete Strukturen für eine effiziente Vermittlung ohne Stempelkontrolle vorhanden sind.

Ein Viertel der antwortenden Ausgesteuerten, die im Zeitpunkt der Befragung über keine Arbeit verfügten, gab die ungenügende Ausbildung als grosses Problem bei der Arbeitssuche an, und 22 %, vor allem Ausländer, sahen sich durch Sprachprobleme behindert (vgl. Tabellen 25 und 27). Wie bereits Aeppli (1991) aufzeigte, können Weiterbildungs- und Sprachkurse in vielen Fällen die Kenntnisse und Fähigkeiten von Arbeitslosen gezielt so erweitern, dass die Chancen für eine Anstellung ansteigen. Kurse sind oft ein Schlüsselinstrument zur Förderung von Arbeitslosen und sollten von daher noch mehr eingesetzt werden. Die zweite Teilrevision verstärkt die

Verbesserung der Ausbildung von Arbeitslosen, denn die mindestens 25'000 Plätze in arbeitsmarktlichen Massnahmen, die von den Kantonen bereit gestellt werden müssen, sollen unter anderem „die beruflichen Qualifikationen entsprechend den Bedürfnissen des Arbeitsmarktes fördern" (Artikel 72b, Absatz 2). Wer an einer solchen arbeitsmarktlichen Massnahme teilnimmt, wird belohnt, indem er in den Genuss von „besonderen Taggeldern" kommt. Die Anzahl dieser besonderen Taggelder wird nur durch den Ablauf der zweijährigen Rahmenfrist begrenzt, d.h. es können erheblich mehr besondere als normale Taggelder bezogen werden (Artikel 59b).

Für 17 % der weiterhin arbeitslosen antwortenden Ausgesteuerten liegt ein grosses Problem bei der Arbeitssuche darin, dass sie zu wenig Erfahrung haben (vgl. Tabelle 25). Einigen von ihnen könnte ein Berufspraktikum nützlich sein. Die zweite Teilrevision bietet jugendlichen Versicherten und Personen, die erstmals eine Erwerbstätigkeit aufnehmen wollen, die Möglichkeit, im Rahmen der arbeitsmarktlichen Massnahmen Berufserfahrungen zu sammeln (Artikel 72b, Absatz 2). Dementsprechende Berufspraktika wurden bereits in Pilotversuchen als erfolgreich bewertet.

Unter allen antwortenden Ausgesteuerten fanden nur 39 % der ungelernten Personen eine Stelle, dagegen 62 % der Personen mit Lehrabschluss und 54 % der Personen mit Hochschul- und vergleichbaren höheren Abschlüssen. Eine abgeschlossene Berufslehre erhöht die Chancen bei der Stellensuche deutlich. Die zweite Teilrevision ermöglicht geeigneten ungelernten Arbeitslosen ab 30 Jahren, eine höchstens dreijährige Berufsausbildung nachzuholen, indem ihnen Ausbildungszuschüsse gewährt werden können (Artikel 66a, Absatz 1). Die Ausbildungszuschüsse decken die Differenz zwischen der Entlöhnung des Arbeitgebers während der Ausbildung und einem Höchstbetrag, der vom Bundesrat festgelegt wird (Artikel 66c, Absatz 2).

Fast ein Fünftel der antwortenden Ausgesteuerten, die wieder arbeiteten, nahm eine selbständige Erwerbstätigkeit auf (vgl. Tabelle 18). Die selbständige Erwerbstätigkeit stellt somit für manche Arbeitslose bzw. Ausgesteuerte einen quantitativ bedeutenden Ausweg aus der Arbeitslosigkeit dar. Wenn strenge Kriterien aufgestellt werden (z. B. Eignung zur Selbständigkeit, hohe Motivation, genügendes Durchhaltevermögen, erfolgversprechendes Konzept), könnte es sinnvoll sein, Arbeitslose, die diese Bedingungen erfüllen, beim Start in die Selbständigkeit aus Mitteln der Arbeitslosenversicherung zu unterstützen. Dies sollte aber geschehen, bevor die Aussteuerung erreicht ist. Die zweite Teilrevision sieht eine solche Möglichkeit in Artikel 71a vor. Während der Planungsphase einer selbständigen Erwerbstätigkeit können höchstens 60 besondere Taggelder ausgerichtet werden. Die Kandidaten müssen „ein Grobprojekt zur Aufnahme einer wirtschaftlich tragfähigen und dauerhaften selbständigen Erwerbstätigkeit vorweisen" (Artikel 71b, Absatz 1).

Über 49-jährige Ausgesteuerte haben es besonders schwer, sich wieder in das Arbeitsleben zu integrieren. Von den über 49-jährigen antwortenden Ausgesteuerten hatten 35 % im Zeitpunkt der Befragung eine Stelle, unter den Angehörigen der beiden jüngeren Altersgruppen dagegen je 56 % (vgl. Tabelle 8). Das Alter wurde von 52 % aller antwortenden Ausgesteuerten als grosses Problem bei der Stellensuche - und damit am häufigsten von allen Problemen - angegeben, unter den über 49-jährigen von 92 % (vgl. Tabellen 25 und 26). Den älteren Arbeitslosen sollte deshalb speziell Beachtung geschenkt werden. Um ihnen zu helfen, könnte vermehrt vom Instrument des Einarbeitungszuschusses Gebrauch gemacht werden. In der zweiten Teilrevision wurde die Bedingung für die Ausrichtung von Einarbeitungszuschüssen leicht gelockert. Früher konnten nur schwervermittelbare Versicherte davon Gebrauch machen, neu „Versicherte, deren Vermittlung erschwert ist" (Artikel 65), was für Personen ab 50 Jahren zutrifft. Die zweite Teilrevision kommt den älteren Arbeitslosen zudem mit verlängerten Höchstansprüchen entgegen: Während bis 49-

jährige höchstens 150 normale Taggelder beziehen können, gibt es ab dem vollendeten 50. Altersjahr höchstens 250 normale Taggelder und ab dem vollendeten 60. Altersjahr höchstens 400 normale Taggelder (Artikel 27, Absatz 2). Eine Erleichterung für Personen, „die innerhalb der letzten zweieinhalb Jahre vor Erreichen des AHV-Rentenalters arbeitslos geworden sind und deren Vermittlung allgemein aus Gründen des Arbeitsmarktes unmöglich oder stark erschwert ist", bringt Artikel 27, Absatz 3. Er erlaubt dem Bundesrat, den Anspruch dieser Versichertengruppe um höchstens 120 Taggelder zu erhöhen und die Rahmenfrist um sechs Monate zu verlängern. Ausserdem kann der Bundesrat, gestützt auf Artikel 65 a, eine zeitlich befristete Vorruhestandsregelung einführen, wenn eine andauernde und erhebliche Arbeitslosigkeit dies erfordert.

Eine schrittweise Senkung des Betrags der Arbeitslosentaggelder könnte unter Umständen Anreize schaffen, eine lange Dauer von Arbeitslosigkeit zu verhindern, weil so eher Arbeit angenommen würde. Ältere und invalide Personen sollten von dieser Degression ausgenommen werden. Eine Degression der Taggelder ist in der zweiten Teilrevision des Arbeitslosenversicherungsgesetzes nicht enthalten, weil entsprechende Vorschläge in den eidgenössischen Räten abgelehnt wurden. Die eingesparten Gelder hätten zur Finanzierung von weiteren Taggeldern verwendet werden können, womit Aussteuerungen vermieden oder mindestens hinausgezögert worden wären.

8.5. Arbeitslosenhilfe, Beschäftigungsprogramme und Sozialhilfe im Lichte der Ergebnisse

Die durchschnittliche Verbleibdauer in der Sozialhilfe ist sehr lang. Wer einmal Sozialhilfe bezieht, läuft Gefahr, lange von der Sozialhilfe abhängig zu sein. Die Hälfte der Sozialhilfebezüger erhält zwischen 12 und 15 Monate lang Leistungen ausbezahlt, in den Kantonen Basel-Stadt und Freiburg mehr als 18 Monate lang. Die Sozialhilfe kennt keine zeitliche Begrenzung. Sie wird entrichtet, solange es notwendig ist, was bewirkt, dass kein direkter Anreiz besteht, sich von ihr zu lösen. Dies ist bei der Arbeitslosenhilfe anders, denn hier droht die Aussteuerung. Es besteht während des Bezugs von Arbeitslosenhilfe noch eher die Motivation, davon loszukommen und wieder Arbeit zu finden. Deshalb ist die Arbeitslosenhilfe ein nützlicher Puffer, der den sozialen Abstieg verhindern oder mindestens aufschieben kann:

Stellt man die Anteile der Sozialhilfebezüger unter den Ausgesteuerten in Kantonen bzw. Teilgebieten, die im Bezug auf die Gemeindegrösse vergleichbar sind, einander gegenüber, zeigt sich, dass sie in Kantonen mit Arbeitslosenhilfe in vier Fällen niedriger und in einem Fall gleich hoch sind (vgl. Tabelle 6).

Angesichts der Tatsache, dass fast ein Fünftel der Ausgesteuerten mit Arbeit eine selbständige Tätigkeit aufnahm, die im Aufbau ein finanzielles Polster benötigt, wäre es nicht angebracht, die Arbeitslosenhilfe zu stark zu senken oder abzuschaffen. Andernfalls würde dies die Schulden erhöhen, so dass die Ausgesteuerten weniger Chancen zur Selbständigkeit hätten.

Im Kanton Genf haben ca. 40 % der Ausgesteuerten nach der Aussteuerung an einem Beschäftigungsprogramm teilgenommen. Die Teilnahme erfolgte anstatt des Bezugs von Arbeitslosenhilfe. Der Anteil der Personen, die eine Arbeit gefunden haben, ist unter ehemaligen Teilnehmern von Beschäftigungsprogrammen gleich gross wie unter Personen, die kein Beschäftigungsprogramm absolvierten. Insofern erscheint das Arbeitsmarktinstrument 'Beschäftigungsprogramm' als vernünftige Alternative zur Arbeitslosenhilfe.

8.6   Weitergehende Schlussfolgerungen

Ein Hindernis für ältere Personen könnten die mit dem Alter stark ansteigenden Prämiensätze für die berufliche Vorsorge (zweite Säule), die ältere Arbeitskräfte verteuern, bilden. Ein einheitlicher Prämiensatz für alle Altersgruppen wie bei der AHV könnte die Chancen der älteren Personen bei der Arbeitssuche verbessern. Dass ältere Ausgesteuerte die grössten Schwierigkeiten haben, eine Stelle zu finden, und am häufigsten Lohneinbussen hinnehmen müssen, heisst noch lange nicht, ältere Menschen hätten eine tiefere Produktivität als Jüngere. Nicht nur unter den Ausgesteuerten werden von den Unternehmen jüngere Menschen bevorzugt eingestellt. Dieser Umstand schafft Zukunftsängste bei den Jüngeren und ist für die Älteren untragbar.

16 % der antwortenden Ausgesteuerten, die im Zeitpunkt der Befragung eine Arbeit hatten, fanden diese durch die Vermittlung von Freunden, Verwandten und Bekannten (vgl. Tabelle 11). Dieser informelle Vermittlungsweg ist also wirkungsvoll. Die öffentlichen Stellenvermittler sollten deshalb das Beziehungsnetz der Arbeitslosen in ihrer Arbeit berücksichtigen und nutzen, z. B. die Arbeitslosen anleiten und ermuntern, mit möglichst vielen Leuten über ihr Problem zu sprechen statt es (aus falscher Scham) zu verschweigen. In Kursen ergeben sich ebenfalls oft sehr nutzbringende Kontakte, die Impulse für die Stellensuche geben können. Auch in dieser Hinsicht können Kurse sehr wirkungsvoll sein.

37 % der antwortenden Ausgesteuerten, die im Zeitpunkt der Befragung eine Arbeit hatten, fanden diese durch ihre eigene Initiative (vgl. Tabelle 11). Die Eigeninitiative hat somit einen hohen Stellenwert für die Ausgesteuerten unter den erfolgreichen Bewerbern, und es ist deshalb wichtig, dass sich Arbeitslose selbst um Arbeit bemühen. Von den Arbeitslosen ein Nachweis ihrer persönlichen Bemühungen zu verlangen, ist durchaus gerechtfertigt. Es ist aber nicht sinnvoll, für jeden Arbeitslosen jeden Monat die genau gleiche, strikt festgelegte Zahl an Bewerbungen zu fordern. Dies führt nämlich dazu, dass sich Arbeitslose auch für Stellen, für die sie gar nicht geeignet sind, melden, nur um dem Arbeitsamt genügend Bewerbungen vorweisen zu können. Auf diese Weise entstehen den Personalabteilungen von Firmen unnötige Umtriebe, und es wird möglicherweise sogar eine Abwehrhaltung gegenüber Arbeitslosen allgemein bewirkt. Es sollte dem Vermittler auf dem Arbeitsamt überlassen werden, zu entscheiden, ob sich ein Arbeitsloser ausreichend um Arbeit gekümmert hat. Eine Richtzahl von Bewerbungen, die aber nach Absprache im Einzelfall unterschritten werden darf, kann beim Entscheid eine Hilfe sein. Ausserdem ist es von Bedeutung, dass der Vermittler die Arbeitslosen für die Stellensuche motiviert und berät, denn wenige gezielte und gut verfasste Bewerbungsbriefe können z.B. mehr bewirken als viele mangelhafte.

Da die meisten neuen Stellen in Klein- und Mittelbetrieben entstehen, kann damit gerechnet werden, dass der eine oder andere neue Selbständige nach einer Anlaufzeit weitere Mitarbeiter brauchen wird. Auf längere Sicht gesehen werden durch die Förderung der Selbständigkeit also weit mehr neue Arbeitsplätze als nur diejenigen der Gründer geschaffen. Natürlich muss auch damit gerechnet werden, dass einige mit dem Versuch der Selbständigkeit scheitern. Es wäre darum sinnvoll, wenn sich Selbständige ebenfalls bei der öffentlichen Arbeitslosenversicherung gegen Arbeitslosigkeit versichern könnten.

18 % der weiterhin arbeitslosen antwortenden Ausgesteuerten können nur Teilzeit arbeiten (vgl. Tabelle 25). Unter den Frauen sind es mehr als ein Viertel (vgl. Tabelle 28). Für viele von ihnen könnte eine Arbeit gefunden werden, wenn es mehr Teilzeit-Stellen gäbe.

Arbeit zu haben ist für jeden einzelnen Ausgesteuerten - wie auch für die gesamte Volkswirtschaft und Gesellschaft - viel wert- und sinnvoller als Leistungen der Sozialhilfe beziehen zu müssen. Es sollten deshalb alle Möglichkeiten und Varianten von Arbeit intensiv genutzt, gefördert und ausprobiert werden, z. B. neben Teilzeit-Stellen, Berufspraktika, Einarbeitung und selbständiger Erwerbstätigkeit, die bereits besprochen wurden, auch Job-sharing, befristete Anstellungen, temporäre Arbeit, Zwischenverdienst, Beschäftigungsprogramme, Reduktion der Arbeitszeit (z. B. VW-Modell).

Der Verdienst aus der neuen Arbeit deckte bei 42 % der antwortenden Ausgesteuerten, die wieder Arbeit gefunden hatten, gemäss ihren Angaben den Lebensunterhalt nicht (vgl. Tabelle 13). Informationen darüber, ob der Verdienst vor der Arbeitslosigkeit für den Lebensunterhalt ausreichte oder nicht, sind nicht vorhanden. Nahezu zwei Drittel verdienten weniger als vor der Arbeitslosigkeit (vgl. Tabelle 14). Bei 45 % blieb der neue Lohn unter dem Betrag der erhaltenen Arbeitslosenentschädigung (vgl. Tabelle 15). Um zu vermeiden, dass Ausgesteuerte erhebliche finanzielle Einbussen und einen starken sozialen Abstieg erleiden, weil sie nur noch eine Arbeit, die einen weit geringeren Verdienst als ihre frühere einbringt, finden konnten und annahmen, könnte die folgende Regelung eingeführt werden: Wer es auf sich nimmt, zu einem weit schlechteren Lohn als früher zu arbeiten, erhielte einen zeitlich befristeten finanziellen Ausgleich durch Zuschüsse aus öffentlichen Mitteln analog der verbesserten Zwischenverdienstregelung (vgl. Art. 24 der zweiten Teilrevision des

Arbeitslosenversicherungsgesetzes), statt den Gang zur Sozialhilfe antreten zu müssen. Der versicherte Verdienst würde sich aus Lohn plus Zuschuss berechnen. Damit würden zwei Ziele gleichzeitig erreicht: 1. Der Anreiz, auch ein weniger gut bezahltes Arbeitsverhältnis einzugehen, wenn kein besser bezahltes in Aussicht steht, würde erhöht. Die Arbeitslosigkeit könnte so in manchen Fällen verkürzt werden. 2. Es würde vermieden, dass Ausgesteuerte trotz Arbeit in die Armut abrutschen. Natürlich dürfte dieser Zuschuss nur unter strengen Bedingungen gewährt werden, damit er weder von Arbeitgebern (Lohndumping) noch von Arbeitnehmern missbraucht wird und seine Ausrichtung müsste zeitlich beschränkt sein.

8.7 Vorschläge für zukünftige Forschungsarbeiten

Es ist nicht die Aufgabe der vorliegenden Studie, Massnahmen, die eventuell zur Bewältigung der Probleme der Ausgesteuerten in die Wege zu leiten sind, vorzuschlagen. Die Rolle, die Resultate der vorliegenden Arbeit in diesem Sinne zu interpretieren, fällt den Politikern zu.

Es ist jedoch möglich, aufgrund der vorliegenden Resultate einige Schlussfolgerungen zu ziehen. Die vorliegende Studie berührte mehrere Punkte, die es verdienen, noch vertiefter angegangen zu werden:

- der Bedarf nach und der Erfolg von bestimmten aktiven arbeitsmarktlichen Massnahmen, wie z. B. der Beschäftigungsprogramme, und deren Bedeutung für die Wiedereingliederung von Arbeitslosen.

- eine umfassendere Studie über die Risikogruppen, die sichtlich stärker von der Aussteuerung betroffen sind. Es handelt sich dabei um ältere Personen, Frauen,

Personen ausländischer Nationalität, Personen mit ungenügender oder ohne Ausbildung und junge Schulabgänger.

- die Folgen der Arbeitslosigkeit für die einzelnen Betroffenen; die Wirkungen auf die Gesundheit und auf das familiäre und soziale Leben der einzelnen Betroffenen.

- Forschungsarbeiten über Massnahmen, die dazu beitragen, die Langzeitarbeitslosigkeit und die Aussteuerung möglichst zu vermeiden, weil die Chancen für eine Wiedereingliederung in das Erwerbsleben nach einer langen Zeit der Arbeitslosigkeit sinken.

- die Unterschiede in der Qualität der Wiederbeschäftigung in Abhängigkeit von den kantonalen rechtlichen Rahmenbedingungen und deren Inanspruchnahme, und in Abhängigkeit von der Dauer des Stellenantritts seit der Aussteuerung.

9. Zusammenfassung

Die vorliegende Arbeit entstand im Auftrag der Arbeitsämter der Kantone Bern, Freiburg, Solothurn, Basel-Stadt, Basel-Landschaft, Aargau, Wallis und Genf. Sie wurde zu 50 % von diesen acht Kantonen und zu 50 % vom Ausgleichsfonds der Arbeitslosenversicherung finanziert.

In der Schweiz verlieren zur Zeit pro Jahr rund 40'000 Personen ihr Anrecht auf Arbeitslosenentschädigung, weil sie ihren Höchstanspruch erreichen, was in der Amtssprache als „Aussteuerung" bezeichnet wird. Bisher gab es fast keine Informationen, wie die Situation dieser Personen nach ihrer Aussteuerung aussieht.

Das **Ziel** dieses Forschungsprojekts war deshalb, umfassende und fundierte Daten über das weitere Schicksal der Ausgesteuerten zu gewinnen. Die zentrale **Fragestellung** lautete: „Was geschieht mit den Arbeitslosen, die von der Arbeitslosenversicherung ausgesteuert wurden, nach ihrer Aussteuerung?"

Um das gesetzte Ziele zu erreichen, wurden mehrheitlich quantitative, aber auch qualitative **Erhebungsmethoden** eingesetzt, nämlich
- eine Analyse der Daten von Ausgesteuerten, die bereits in den Ämtern (BIGA, BFA) vorhanden waren,
- Erhebungen bei den kantonalen Arbeitslosenhilfen und bei den kantonalen Fürsorgeämtern, im Kanton Genf auch bei den Beschäftigungsprogrammen,
- eine schriftliche Befragung von Ausgesteuerten, die repräsentativ ausgewählt wurden und
- Gruppendiskussionen mit Ausgesteuerten.

Die wichtigsten **Ergebnisse** sind:

Der Kanton Genf weist die grösste Anzahl an Ausgesteuerten aller acht untersuchten Kantone auf. Das Risiko, ausgesteuert zu werden, ist im Kanton Genf erheblich grösser als in den anderen sieben Kantonen.

Überdurchschnittlich von der Aussteuerung betroffen sind Frauen (insbesondere Ausländerinnen), Personen ausländischer Nationalität und ungelernte Personen.

Unterdurchschnittlich von der Aussteuerung betroffen sind Männer, Personen schweizerischer Nationalität (mit Ausnahme des Kantons Genf, wo Schweizer und Ausländer beide im gleichen Ausmass überdurchschnittlich betroffen sind), gelernte Personen, Personen, die eine Kaderfunktion ausübten, Personen, die vor der Arbeitslosigkeit eine Ausbildung absolvierten.

Der Anteil der Ausgesteuerten, die nach ihrer Aussteuerung Arbeitslosenhilfe beziehen, liegt in den Kantonen, die keine Altersbeschränkung kennen und nicht wie Genf als Alternative Beschäftigungsprogramme vorsehen, zwischen 61 % (Basel-Stadt) und 32 % (Basel-Landschaft).

Der Anteil der Ausgesteuerten, die nach ihrer Aussteuerung von der Sozialhilfe unterstützt werden müssen, schwankt zwischen 28 % (Basel-Stadt) und 10 % (Solothurn).

Von den antwortenden 1'528 Ausgesteuerten in allen acht Kantonen verfügte die Hälfte zum Zeitpunkt der Befragung wieder über Arbeit. Die über 49-jährigen hatten deutlich grössere Schwierigkeiten, wieder eine Stelle zu finden, als die jüngeren Altersgruppen.

Einen Monat nach der Aussteuerung sind 92 % aller antwortenden Ausgesteuerten noch ohne Arbeit, sechs Monate nach der Aussteuerung 69 %. Die Mediandauer bis zum Stellenantritt beträgt für alle antwortenden Ausgesteuerten 14 Monate. Somit hat die Hälfte aller antwortenden Ausgesteuerten 14 Monate nach der Aussteuerung eine Arbeit angeteten.

37 % der 769 antwortenden Ausgesteuerten, die im Zeitpunkt der Befragung *eine Arbeit* hatten, fanden diese durch ihre eigene Initiative, 16 % durch die Vermittlung von Freunden, Verwandten und Bekannten.

Der Verdienst aus der neuen Arbeit deckte bei 42 % der wieder erwerbstätigen antwortenden Ausgesteuerten den Lebensunterhalt nicht. Nahezu zwei Drittel verdienten weniger als vor der Arbeitslosigkeit, 45 % sogar weniger als der Betrag der erhaltenen Arbeitslosenentschädigung.

19 % der antwortenden Ausgesteuerten, die wieder arbeiteten, nahmen eine selbständige Erwerbstätigkeit auf.

Für 40 % der antwortenden wieder erwerbstätigen Ausgesteuerten entsprach die neue Arbeit nur teilweise und für 25 % nicht den Vorstellungen und Wünschen zu Beginn der Arbeitssuche. Als häufigster Grund für die Unzufriedenheit mit der Arbeit wurde ein zu tiefer Lohn angegeben.

Von den 759 antwortenden Ausgesteuerten, die im Zeitpunkt der Befragung *keine Arbeit* hatten, wurden 40 % von ihrem Lebenspartner bzw. ihrer Lebenspartnerin unterstützt, 16 % von Eltern, Freunden, Verwandten und Bekannten und 13 % von der öffentlichen Sozialhilfe. 20 % lebten von ihren Ersparnissen, 15 % von der Arbeitslosenentschädigung (neue Bezugsberechtigung durch zwischenzeitliche Arbeit) und 8 % von einer Rente der Invalidenversicherung. Weitere 7 % hatten eine Rente der Invalidenversicherung beantragt, aber noch keinen Entscheid erhalten. (Da Mehrfachnennungen möglich waren, ergibt das Total mehr als 100 %).

56 % der weiterhin arbeitslosen antwortenden Ausgesteuerten senkten ihren Lebensstandard stark und 32 % ein wenig. Einschränkungen wurden am häufigsten beim Ausgehen, beim Kauf von Kleidern und bei Ferien vorgenommen.

Für die Hälfte der weiterhin arbeitslosen antwortenden Ausgesteuerten war das Alter ein grosses Problem bei der Arbeitssuche. 92 % der über 49-jährigen und und 40 % der 30- bis 49-jährigen sahen sich bei der Stellensuche durch ihr Alter behindert. Weitere grosse Probleme bei der Arbeitssuche sind ungenügende Ausbildung (25 %), Sprachprobleme (22 %, vor allem unter Ausländern), schlechte Gesundheit (22 %) und die eingeschränkte zeitliche Verfügbarkeit (18 %, vor allem Frauen, können nur teilzeitig arbeiten).

Für viele Ausgesteuerte bedeutet die Aussteuerung - wie die Gruppendiskussionen zeigten - ein sehr einschneidendes Ereignis in ihrem Leben. Manche bringt die Aussteuerung in eine Krise, die bis zur Erkrankung führen kann. Es werden durch die Aussteuerung aber auch positive Impulse ausgelöst, z. B. die Aufnahme einer selbständigen Erwerbstätigkeit oder die Bereitschaft, es in einem neuen Beruf zu versuchen.

Aus den Resultaten sind vor allem die folgenden **Schlussfolgerungen** zu ziehen:

Die Aussteuerung belastet die öffentliche Hand (Auslagen für die Arbeitslosen- und die Sozialhilfe) sowie die Invalidenversicherung und bedeutet für die Betroffenen oft eine sehr schwierige Situation. Es sollte deshalb alles getan werden, dass Aussteue-

144

rungen möglichst vermieden werden und Arbeitslose vor der Aussteuerung wieder Arbeit erhalten.

Wenn die Hälfte der Ausgesteuerten nach der Aussteuerung wieder eine Stelle findet, sollte es möglich sein, diese Erfolge schon früher, während noch Arbeitslosenentschädigung bezogen wird, zu bewirken, z. B. durch intensive Betreuung und Beratung von Arbeitslosen. Auf diese Weise könnte die Arbeitslosigkeit in vielen Fällen möglicherweise verkürzt werden. Die zweite Teilrevision des Arbeitslosenversicherungsgesetzes sieht in Artikel 85 vor, dass die kantonalen Amtsstellen die Arbeitslosen beraten, sich bemühen, ihnen Arbeit zu vermitteln und ihre Wiedereingliederungschancen innerhalb des ersten Monats kontrollierter Arbeitslosigkeit umfassend abklären.

Über 49-jährige Ausgesteuerte haben es besonders schwer, sich wieder ins Arbeitsleben zu integrieren. Ihnen sollte deshalb speziell Beachtung geschenkt werden. Um ihnen zu helfen, könnte noch vermehrt vom Instrument des Einarbeitungszuschusses Gebrauch gemacht werden. Ein einheitlicher Prämiensatz für die berufliche Vorsorge könnte die Chancen der älteren Personen bei der Arbeitssuche ebenfalls verbessern.

Da viele Ausgesteuerte Schwierigkeiten bei der Stellensuche haben, weil sie ungenügend ausgebildet sind und/oder weil sie Sprachprobleme haben, könnten gezielt eingesetzte Kurse oft sehr nützlich sein. Kurse sind vielfach ein Schlüsselinstrument zur Förderung von Arbeitslosen. Die zweite Teilrevision verstärkt die Verbesserung der Ausbildung von Arbeitslosen, denn die mindestens 25'000 Plätze in arbeitsmarktlichen Massnahmen, die von den Kantonen bereit gestellt werden müssen, sollen unter anderem die beruflichen Qualifikationen anheben.

Da manche Ausgesteuerte, besonders Frauen, nur Teilzeit arbeiten können, sollten mehr Teilzeit-Stellen geschaffen werden.

Die Eigeninitiative sollte nach Kräften geweckt und gefördert werden, z. B. in persönlichkeitsorientierten Kursen oder im Beratungsgespräch.

Es kann sinnvoll sein, geeignete arbeitslose Personen beim Aufbau einer selbständigen Erwerbstätigkeit zu unterstützen. Die zweite Teilrevision sieht darum vor, während der Planungsphase einer selbständigen Erwerbstätigkeit höchstens 60 besondere Taggelder auszurichten.

10. Literaturverzeichnis

Aeppli, D.: Weiterbildung und Umschulung für Arbeitslose. Bern, Verlag Paul Haupt, 1991.

Aeppli, D. & Tanner, E.: Ausgesteuerte im Kanton Baselland. Pratteln, KIGA Baselland, 1994.

Barenco, M.: Chômage: radiographie d'une progression. Lausanne, 1992.

Baumgartner, T. & Henzi, G.: Zur Biographie und Wiedereingliederung von Langzeitarbeitslosen. Diplomarbeit an der Höheren Fachschule im Sozialbereich Basel, 1994.

Blattner N. & Theiss, R.: Ausländer und Arbeitslosigkeit. WWZ-Studie Nr. 44, Basel, 1994.

Boyer, C.: Chômage et assistance. In: Expression, Revue d'information sociale, 1992, 75, Heft Dezember, S. 5 - 7.

Büro für arbeits- und sozialpolitische Studien (BASS): Belastung des städtischen Finanzhaushaltes durch die Arbeitslosigkeit am Beispiel der Stadt Bern. Bern, 1993.

Durkheim, E.: Les règles de la méthode sociologique. Paris, PUF, 1937.

Ecoeur, Y.: Le chômage de longue durée dans le canton de Genève. Etude préliminaire. Rapport à l'attention du Groupe interdépartemental chômage de longue durée. Sous la direction de Ch. Lalive d'Epinay. Université de Genève, janvier 1994.

Farago, P. & Füglistaler, P.: Armut verhindern. Die Zürcher Armutsstudie: Ergebnisse und sozialpolitische Vorschläge. Zürich, Fürsorgedirektion des Kantons Zürich, 1992.

Füglistaler, P. & Hohl, M.: Armut und Einkommensschwäche im Kanton St. Gallen. Bern, Verlag Paul Haupt, 1992.

Hainard, F.: Etude comparative transfrontalière du chômage en France et en Suisse. Etude de situations en Franche-Comté et dans le Jura Neuchâtelois. Université de Neuchâtel, octobre 1994.

Höpflinger, F. & Wyss, K.: Am Rande des Sozialstaates: Formen und Funktionen öffentlicher Sozialhilfe im Vergleich. Bern, Verlag Paul Haupt, 1994.

Industrie-, Gewerbe- und Arbeitsamt des Kantons Aargau: Arbeitslos, ausgesteuert. Aarau, November 1985.

Industrie-, Gewerbe- und Arbeitsamt des Kantons Aargau: Arbeitslosigkeit im Kanton Aargau. Aarau, November 1992.

Industrie-, Gewerbe- und Arbeitsamt des Kantons Aargau: Ausgesteuert: vom Arbeitslosentaggeld zur Sozialhilfe? Aarau, April 1995.

IPSO Sozialforschung: Die Qualität der Wiederbeschäftigung nach Arbeitslosigkeit. Bern, BIGA, 1995.

Kantonales Arbeitsamt Baselland: Dokumentation für das Pressegespräch zum Thema Ausgesteuerte. Pratteln, 22. Juni 1988.

Kantonales Arbeitsamt Basel-Stadt: Monatsbericht Juni 1993.

Kantonales Arbeitsamt Basel-Stadt: Monatsbericht Juni 1994.

Lüsebrink, K.: Arbeit plus Qualifizierung statt Sozialhilfe. In: Mitteilungen aus der Arbeitsmarkt- und Berufsforschung, 1993, 26, Heft 1, S. 53 - 62.

Mäder, U., Biedermann, F. et al.: Armut im Kanton Basel-Stadt. Soziologisches Seminar der Universität Basel, 1991.

Perruchoud-Massey, M.-F.: La pauvreté en Valais. Sion, Département des Affaires Sociales, 1991.

Rocher, G.: L'action sociale. Editions HMH, collection Points, 1968.

Rüst, H.: Projekt Sozialhilfestatistik, Kurzbericht. Nationalfonds, Nationales Forschungsprogramm 29, Januar, 1994.

Schmid, A., Krömmelbein, S., Klems, W., Gass, G. & Angerhausen, S.: Neue Wege der Arbeitsmarktpolitik für Langzeitarbeitslose. In: Mitteilungen aus der Arbeitsmarkt- und Berufsforschung, 1992, 25, Heft 3, S. 323 - 332.

Sheldon, G.: Dynamik der Armut in der Schweiz. Forschungsstelle für Arbeitsmarkt- und Industrieökonomik, Universität Basel, 1991.

Sheldon, G.: Konjunkturelle und strukturelle Aspekte des schweizerischen Arbeits-marktes. Bern, Bundesamt für Konjunkturfragen, 1993.

Sheldon, G. & Theiss, R.: Entwicklung der Anforderungen an das Personal der solo-thurnischen Wirtschaft. Universität Basel, 1994.

Sheldon, G. & Theiss, R.: Arbeitslosigkeit im Kanton Solothurn. Universität Basel, 1994.

Sheldon, G. & Theiss, R: Bevölkerungs- und Arbeitskräftegesamtrechnung für die Schweiz 1982- 1991. Bern, Verlag Paul Haupt, 1995.

Sommer, J. & Höpflinger, F.: Wandel der Lebensformen und soziale Sicherheit in der Schweiz. Grüsch, Verlag Rüegger, 1989.

Ulrich, W. & Binder, J.: Armut im Kanton Bern. Bericht über die kantonale Armuts-studie. Bern, Gesundheits- und Fürsorgedirektion des Kantons Bern, 1992.

Werth, B.: Alte und neue Armut in der Bundesrepublik Deutschland. Berlin, Verlag für Wissenschaft und Bildung, 1991.

Basel, im März 1995

Sehr geehrte Dame, sehr geehrter Herr

Seit Jahren beschäftige ich mich mit dem Problem der Arbeitslosigkeit. Dies hat auch einen ganz klaren Grund: Nach meinem Studienabschluss 1982 war ich selbst mehr als ein Jahr lang arbeitslos, bis ich endlich meine erste Stelle fand. Ich kenne also die Arbeitslosigkeit aus persönlicher Betroffenheit und bearbeite dieses Thema nicht einfach aus Forschungs-Neugier.

Meine Mitarbeiter, Frau Valérie Hugentobler, Frau Cora Hotz und Herr Roland Theiss, und ich haben uns für unser aktuelles Forschungsprojekt das Ziel gesetzt, mehr über das Schicksal der Menschen, die ihren Anspruch auf Arbeitslosenentschädigung verloren haben und im amtlichen Sprachgebrauch wenig schön als "Ausgesteuerte" bezeichnet werden, zu erfahren. Bisher liegen dazu kaum Informationen, sondern nur Vermutungen vor. Mit unserer Forschungsarbeit wollen wir verlässliche Unterlagen zum Problem der Aussteuerung gewinnen und einen Beitrag zu dessen Bewältigung leisten.

Wir führen das Projekt im Auftrag von acht Kantonen der Nordwestschweiz und der Romandie durch. Auftraggeber im Kanton Aargau ist das Kantonale Amt für Industrie, Gewerbe und Arbeit (KIGA), Aarau.

Es ist uns ein grosses Anliegen, Menschen, die von der Aussteuerung betroffen sind, direkt in unser Projekt einzubeziehen. Sie selbst haben leider Ihren Anspruch auf Arbeitslosenentschädigung im Laufe der vergangenen zwei Jahre ausgeschöpft, deshalb wenden wir uns an Sie. Ihre Adresse, die wir streng vertraulich behandeln, haben wir vom KIGA Aargau erhalten. Wir stehen unter strenger Schweigepflicht wie Beamte.

In der nächsten Zeit werden wir in Aarau eine Gruppendiskussion mit etwa zehn Frauen und Männern, die von der Aussteuerung betroffen wurden, durchführen. Es wird vor allem um die Probleme bei der Stellensuche und um die Situation, die Erfahrungen und die Schwierigkeiten der Betroffenen gehen. Im Anschluss an die Diskussion wird ein Apero spendiert.

Wir laden Sie herzlich ein, an der Gruppendiskussion teilzunehmen und sich mit dem beiliegenden Talon anzumelden. Wir bitten Sie, uns den ausgefüllten Talon bis in spätestens zwei Wochen mit dem beiliegenden adressierten und portofreien Couvert zurückzusenden. Das Datum und die Zeit der Diskussion werden wir aufgrund Ihrer angekreuzten Wünsche festlegen und Ihnen telefonisch mitteilen. Wir freuen uns sehr auf das Gespräch mit Ihnen. Mit bestem Dank und

freundlichen Grüssen

Daniel C. Aeppli, Projektleiter

151

Ja, ich nehme an der Gruppendiskussion in Aarau teil und melde mich dafür an.

Die Diskussion wird im

> Comitato Cittadino
> Hammer 1
> 5000 Aarau
> 2. Stock

stattfinden. Das Datum und die Zeit werden Ihnen noch bekannt gegeben.

Bitte senden Sie den untenstehenden Talon mit dem beiliegenden frankierten Antwort-Couvert an uns zurück.

✂ (Bitte mit der Schere abtrennen)

Anmeldung für die Gruppendiskussion in Aarau

Ich nehme an der Gruppendiskussion in Aarau teil.

Name: .... Vorname: ....

Adresse: .... PLZ: ....Ort: ....

Tel. Nr.: .... Muttersprache: ....

Bitte geben Sie bei jedem Datum an, ob es Ihnen geht oder nicht geht.

Montag,	27.3.95, 16.30-18.30 Uhr	☐ geht mir	☐ geht nicht
Dienstag,	28.3.95, 16.30-18.30 Uhr	☐ geht mir	☐ geht nicht
Dienstag,	28.3.95, 18.00-20.00 Uhr	☐ geht mir	☐ geht nicht
Donnerstag,	30.3.95, 16.30-18.30 Uhr	☐ geht mir	☐ geht nicht

Forschungsprojekt "Die Situation der Ausgesteuerten in der Nordwestschweiz und in der Romandie"

Frageleitfaden für die Gruppendiskussionen zur ersten Forschungsstufe

Version vom 12. Dezember 1994

Zu Beginn der Diskussion wird das Projekt kurz vorgestellt.

1. Stellensuche

a) für Personen, die eine Stelle (inkl. Zwischenverdienst) gefunden haben oder selbständig (inkl. temporäre Aufträge) geworden sind:

Falls jemand unter den Teilnehmern selbständig geworden ist, sind die folgenden Fragen in angepasster Weise auch für ihn/sie zu stellen.

- Worauf führen Sie Ihren Erfolg bei der Stellensuche zurück?
- Wie fanden Sie die neue Stelle?
- Wie lange und wie intensiv suchten Sie?
- Wo waren die hauptsächlichen Schwierigkeiten bei der Suche?
- Entspricht die neue Stelle ihren Vorstellungen/Erwartungen?
- Mussten Sie eine Stelle annehmen, die sie vorher abgelehnt hätten?
- Mussten Sie finanzielle Einbussen oder andere Nachteile in Kauf nehmen? Wie kommen Sie damit zurecht?
- Haben Sie einen Kurs besucht? Wann haben Sie diesen Kurs besucht? Hätten Sie die neue Stelle auch ohne diesen Kurs gefunden? Wären Ihre Chancen bei der Stellensuche ohne diesen Kurs schlechter gewesen?

b) für Personen, die noch keine Stelle gefunden haben:

- Worauf führen Sie Ihren bisherigen Misserfolg bei der Stellensuche zurück?
- Wo liegen Ihre hauptsächlichen Schwierigkeiten bei der Suche?
- Wie lange und wie intensiv bemühen Sie sich schon um eine Stelle?
- Haben Sie einen Kurs besucht? Wann haben Sie diesen Kurs besucht? Erleichtert dieser Kurs die Stellensuche oder stellen Sie keine solche Wirkung fest?
- Wovon leben Sie jetzt?
- Suchen Sie weiterhin noch eine Stelle?
- Wenn nein: Was machen Sie jetzt? (Rückzug aus dem Erwerbsleben, Invalidität)

c) für alle Teilnehmer:

- Was ist bei der Stellensuche wichtiger: die eigene Initiative oder die Hilfe des Arbeitsamts?
- Soll man die Tatsachen "Arbeitslosigkeit" und "Aussteuerung" verschweigen oder darüber reden?

- Welche Bildungsstufen haben Sie erreicht? Welche Abschlüsse (Fachrichtungen) haben Sie erworben?
- Fragen an Ausländer und nicht gebürtige Schweizer: Wann sind Sie in die Schweiz eingereist? Welchen Aufenthaltsstatus hatten sie bei der ersten Einreise und welchen Status haben Sie jetzt?

2. Wie wird die Aussteuerung erlebt?

- Wie fühlen/fühlten Sie sich als "Ausgesteuerter/Ausgesteuerte"?
- Was bedeutet/bedeutete die Aussteuerung für Sie persönlich?
- Welche Probleme und Belastungen bringt die Aussteuerung mit sich?
- Wie gehen/gingen Sie mit diesen Belastungen um?
- Welche Folgen hat/hatte die Aussteuerung für Sie?
- Wie reagiert/reagierte Ihre Umgebung (z. B. Verwandte, Freunde) auf Ihre Aussteuerung?
- Wie reagiert/reagierte die Gesellschaft (z. B. Quartier- oder Dorfbewohner, Aemter) auf Ihre Aussteuerung?

3. Vorschläge, Anregungen, Kritik an Arbeitsämter und Forscher

- Wie haben Sie das Arbeitsamt und seine Mitarbeiter/Mitarbeiterinnen erlebt?
- Was fanden Sie gut?
- Wo haben Sie Kritik?
- Was sollte verbessert werden?
- Was sagen Sie zu Forschung über Arbeitslosigkeit und Aussteuerung?

❶ AHV-Nummer Name PLZ Ort	❷	❸ Wurde seit Januar 1993... Gesuch um ALH gestellt?	❹ ALH bezogen?	❺ A L H - B E Z U G		❻ Zur Zeit Beziger?	❼ ALH-Taggeld	❽ Abmelde-grund	❾ anonyme Nummer
		☐ Ja ☐ Nein	☐ Ja ☐ Nein	1993 1 2 3 4 5 6 7 8 9 10 11 12 ☐☐☐☐☐☐☐☐☐☐☐☐	1994 1 2 3 4 5 6 7 8 9 10 11 12 ☐☐☐☐☐☐☐☐☐☐☐☐	☐ Ja ☐ Nein	.........Fr	☐	
		☐ Ja ☐ Nein	☐ Ja ☐ Nein	1993 1 2 3 4 5 6 7 8 9 10 11 12 ☐☐☐☐☐☐☐☐☐☐☐☐	1994 1 2 3 4 5 6 7 8 9 10 11 12 ☐☐☐☐☐☐☐☐☐☐☐☐	☐ Ja ☐ Nein	.........Fr	☐	
		☐ Ja ☐ Nein	☐ Ja ☐ Nein	1993 1 2 3 4 5 6 7 8 9 10 11 12 ☐☐☐☐☐☐☐☐☐☐☐☐	1994 1 2 3 4 5 6 7 8 9 10 11 12 ☐☐☐☐☐☐☐☐☐☐☐☐	☐ Ja ☐ Nein	.........Fr	☐	
		☐ Ja ☐ Nein	☐ Ja ☐ Nein	1993 1 2 3 4 5 6 7 8 9 10 11 12 ☐☐☐☐☐☐☐☐☐☐☐☐	1994 1 2 3 4 5 6 7 8 9 10 11 12 ☐☐☐☐☐☐☐☐☐☐☐☐	☐ Ja ☐ Nein	.........Fr	☐	
		☐ Ja ☐ Nein	☐ Ja ☐ Nein	1993 1 2 3 4 5 6 7 8 9 10 11 12 ☐☐☐☐☐☐☐☐☐☐☐☐	1994 1 2 3 4 5 6 7 8 9 10 11 12 ☐☐☐☐☐☐☐☐☐☐☐☐	☐ Ja ☐ Nein	.........Fr	☐	
		☐ Ja ☐ Nein	☐ Ja ☐ Nein	1993 1 2 3 4 5 6 7 8 9 10 11 12 ☐☐☐☐☐☐☐☐☐☐☐☐	1994 1 2 3 4 5 6 7 8 9 10 11 12 ☐☐☐☐☐☐☐☐☐☐☐☐	☐ Ja ☐ Nein	.........Fr	☐	
		☐ Ja ☐ Nein	☐ Ja ☐ Nein	1993 1 2 3 4 5 6 7 8 9 10 11 12 ☐☐☐☐☐☐☐☐☐☐☐☐	1994 1 2 3 4 5 6 7 8 9 10 11 12 ☐☐☐☐☐☐☐☐☐☐☐☐	☐ Ja ☐ Nein	.........Fr	☐	
		☐ Ja ☐ Nein	☐ Ja ☐ Nein	1993 1 2 3 4 5 6 7 8 9 10 11 12 ☐☐☐☐☐☐☐☐☐☐☐☐	1994 1 2 3 4 5 6 7 8 9 10 11 12 ☐☐☐☐☐☐☐☐☐☐☐☐	☐ Ja ☐ Nein	.........Fr	☐	
		☐ Ja ☐ Nein	☐ Ja ☐ Nein	1993 1 2 3 4 5 6 7 8 9 10 11 12 ☐☐☐☐☐☐☐☐☐☐☐☐	1994 1 2 3 4 5 6 7 8 9 10 11 12 ☐☐☐☐☐☐☐☐☐☐☐☐	☐ Ja ☐ Nein	.........Fr	☐	

Anleitung zum Erhebungsbogen die kantonale Arbeitslosenhilfe (Nothilfe) betreffend

❶ Die linke Seite enthält AHV-Nummer, Personennummer (AVAM/ASAL), Name und Adresse der Personen, über die wir Informationen benötigen.

❷ Nach dem Ausfüllen des Bogens kann zur Gewährung des Datenschutzes der linke Abschnitt entlang der gestrichelten Linie abgeschnitten werden.

❸ Bitte geben Sie an, ob seit Januar 1993 ein Gesuch um Nothilfe gestellt wurde.

❹ Wurde seit Januar 1993 Nothilfe bezogen? Bitte "Ja" oder "Nein" ankreuzen.
Falls ja, weiter mit ❺.
Falls nein, mit der nächsten Person fortfahren.

❺ Bitte kennzeichnen Sie die Monate (1=Januar, 2=Februar usw.), in denen Nothilfe bezogen wurde mit einem Kreuz. (Angebrochene Monate, in denen Nothilfe nur während einiger Tage bezogen wurde, sind ebenfalls zu kennzeichnen.)

❻ Bitte geben Sie an, ob die betreffende Person im Moment Bezüger von Nothilfe ist.

❼ Hier ist stets der Betrag des letzten Taggeldes (in Franken gerundet) der Nothilfe anzugeben.

❽ Kodieren Sie bitte den Abmeldegrund wie folgt:
0   Zur Zeit noch Bezüger
1   Stelle gefunden
2   aus der Nothilfe ausgesteuert wegen Ende der Rahmenfrist
3   aus der Nothilfe ausgesteuert, weil das Maximum an Taggeldern erreicht wurde
4   Sonstige Abmeldegründe (einschliesslich Umzug in anderen Kanton)

❾ Die notwendige, vorgedruckte anonyme Nummer dient uns zur Identifikation der Personen.

Bitte tragen Sie Beginn und Ende der Bearbeitung ein.

....
Sachbearbeiter   Beginn...   Ende der Bearbeitung

Bei Rückfragen können Sie sich gerne wenden an

Roland Theiss oder Daniel C. Aeppli (Projektleiter)
Forschungsgruppe Ausgesteuerte
Missionsstr. 64a
Tel. (061) 267 3375 oder 261 3478

Numéro AVS Nom Code Postal Localité	Depuis Janvier 93... Une demande d'OT a-t-elle été déposée?	L'OT a-t-elle été allouée?	1ère ou 2ème OT?	Raisons du refus?	Durée?	O T	Actuellement encore participant?	Montant de l'OT?	Nouveau droit?	Raison de la fin de l'OT	Numéro anonyme
	❏ Oui ❏ Non	❏ Oui ❏ Non	❏ 1ère ❏ 2ème		❏ 3mois ❏ 6mois ❏ 1an 1993 1994	1 2 3 4 5 6 7 8 9 10 11 12 ❏❏❏❏❏❏❏❏❏❏❏❏	❏ Oui ❏ Non	Frs	Frs ....jours		
	❏ Oui ❏ Non	❏ Oui ❏ Non	❏ 1ère ❏ 2ème		❏ 3mois ❏ 6mois ❏ 1an 1993 1994	1 2 3 4 5 6 7 8 9 10 11 12 ❏❏❏❏❏❏❏❏❏❏❏❏	❏ Oui ❏ Non	Frs	Frs ....jours		
	❏ Oui ❏ Non	❏ Oui ❏ Non	❏ 1ère ❏ 2ème		❏ 3mois ❏ 6mois ❏ 1an 1993 1994	1 2 3 4 5 6 7 8 9 10 11 12 ❏❏❏❏❏❏❏❏❏❏❏❏	❏ Oui ❏ Non	Frs	Frs ....jours		
	❏ Oui ❏ Non	❏ Oui ❏ Non	❏ 1ère ❏ 2ème		❏ 3mois ❏ 6mois ❏ 1an 1993 1994	1 2 3 4 5 6 7 8 9 10 11 12 ❏❏❏❏❏❏❏❏❏❏❏❏	❏ Oui ❏ Non	Frs	Frs ....jours		
	❏ Oui ❏ Non	❏ Oui ❏ Non	❏ 1ère ❏ 2ème		❏ 3mois ❏ 6mois ❏ 1an 1993 1994	1 2 3 4 5 6 7 8 9 10 11 12 ❏❏❏❏❏❏❏❏❏❏❏❏	❏ Oui ❏ Non	Frs	Frs ....jours		
	❏ Oui ❏ Non	❏ Oui ❏ Non	❏ 1ère ❏ 2ème		❏ 3mois ❏ 6mois ❏ 1an 1993 1994	1 2 3 4 5 6 7 8 9 10 11 12 ❏❏❏❏❏❏❏❏❏❏❏❏	❏ Oui ❏ Non	Frs	Frs ....jours		
	❏ Oui ❏ Non	❏ Oui ❏ Non	❏ 1ère ❏ 2ème		❏ 3mois ❏ 6mois ❏ 1an 1993 1994	1 2 3 4 5 6 7 8 9 10 11 12 ❏❏❏❏❏❏❏❏❏❏❏❏	❏ Oui ❏ Non	Frs	Frs ....jours		
	❏ Oui ❏ Non	❏ Oui ❏ Non	❏ 1ère ❏ 2ème		❏ 3mois ❏ 6mois ❏ 1an 1993 1994	1 2 3 4 5 6 7 8 9 10 11 12 ❏❏❏❏❏❏❏❏❏❏❏❏	❏ Oui ❏ Non	Frs	Frs ....jours		
	❏ Oui ❏ Non	❏ Oui ❏ Non	❏ 1ère ❏ 2ème		❏ 3mois ❏ 6mois ❏ 1an 1993 1994	1 2 3 4 5 6 7 8 9 10 11 12 ❏❏❏❏❏❏❏❏❏❏❏❏	❏ Oui ❏ Non	Frs	Frs ....jours		
	❏ Oui ❏ Non	❏ Oui ❏ Non	❏ 1ère ❏ 2ème		❏ 3mois ❏ 6mois ❏ 1an 1993 1994	1 2 3 4 5 6 7 8 9 10 11 12 ❏❏❏❏❏❏❏❏❏❏❏❏	❏ Oui ❏ Non	Frs	Frs ....jours		

157

Instructions concernant le questionnaire adressé au Programme d'Occupation temporaire

1. La colonne de gauche contient les numéros AVS, noms, prénoms et adresses des personnes à propos desquelles nous désirons des informations.

2. Après avoir complété le questionnaire, il est possible de découper la partie de gauche, le long de la ligne pointillée, afin de préserver le secret des données.

3. Indiquer, s'il vous plaît, si, depuis le mois de janvier 1993, une demande d'Occupation temporaire (OT) a été déposée.

4. Une OT a-t-elle été accordée depuis janvier 1993? Répondre par une croix dans les cases correspondantes.
   Si non, continuer avec le point 6 et après continuer avec la personne suivante.

5. La personne concernée participe-t-elle pour la première ou la deuxième fois à un programme d'occupation?

6. Réponse à codifier de la façon suivante:

   0 le demandeur ne répond pas à la condition: être Genevois et domicilié dans le canton
   1 n'est pas Confédéré ou titulaire du permis B ou C et domicilié dans le canton depuis au moins une année
   2 n'est pas apte au placement
   3 a subi une suppression du droit à l'indemnité de plus de 20 jours au total pour refus d'emplois convenables ou manque de recherches d'emploi
   4 autres motifs

7. Durée de la dernière OT: répondre par une croix dans la case correspondante.

8. Marquer d'une croix les mois (1= janvier, 2= février, etc ...) pendant lesquels cette personne a bénéficié d'une OT.

9. Indiquer, svp, si la personne concernée bénéficie actuellement d'une OT.

10. Il s'agit sous ce point du dernier montant de l'indemnité **quotidienne** (arrondie au franc près) accordé par l'OT.

11. Y a-t-il un nouveau droit à des indemnités de l'assurance-chômage? Donner le nombre de nouvelles indemnités accordées (0, 170, 250, 400).

12. Réponse à codifier de la façon suivante:

0   actuellement encore bénéficiaire
1   a trouvé un emploi
2   ne bénéficie plus de l'OT en raison de la fin de son délai-cadre
3   n'est plus bénéficiaire, car a atteint le maximum de son droit à l'OT
4   autres motifs (par exemple a définitivement déménagé dans un autre canton)

13. Le numéro anonyme, préalablement imprimé, figurant à droite, nous permet d'identifier la personne.

Veuillez, s'il vous plaît, indiquer le début et la fin du traitement de ce questionnaire.

....
personne compétente   début   fin

Pour toutes précisions, vous pouvez vous adresser à:

Valérie Hugentobler ou Cora Hotz
Groupe de recherche "Chômeurs en fin de droit"
Route de Lausanne
1610 Oron-la-Ville   Tél: 021/ 907 64 17 ou 021/ 617 45 55

Fürsorge-Erhebungsformular

AHV-Nummer Name PLZ Ort ❶	Nationalität bzw. Aufenthaltsstatus ❷	Wurde seit Januar 1992 ...... Gesuch um Fürsorge gestellt? ❹	Fürsorge-bezogen? ❺	Fürsorgebezug 1992? ❻	FÜRSORGEBEZUG ❼ 1 2 3 4 5 6 7 8 9 10 11 12	Zur Zeit G Bezüger? ❾	Fürsorgebetrag ❾	anonyme Nummer ❿
		☐ Ja ☐ Nein	☐ Ja ☐ Nein	☐ Ja ☐ Nein	1993 ☐☐☐☐☐☐☐☐☐☐☐☐ 1994 ☐☐☐☐☐☐☐☐☐☐☐☐	☐ Ja ☐ Nein	.........Fr	
		☐ Ja ☐ Nein	☐ Ja ☐ Nein	☐ Ja ☐ Nein	1993 ☐☐☐☐☐☐☐☐☐☐☐☐ 1994 ☐☐☐☐☐☐☐☐☐☐☐☐	☐ Ja ☐ Nein	.........Fr	
		☐ Ja ☐ Nein	☐ Ja ☐ Nein	☐ Ja ☐ Nein	1993 ☐☐☐☐☐☐☐☐☐☐☐☐ 1994 ☐☐☐☐☐☐☐☐☐☐☐☐	☐ Ja ☐ Nein	.........Fr	
		☐ Ja ☐ Nein	☐ Ja ☐ Nein	☐ Ja ☐ Nein	1993 ☐☐☐☐☐☐☐☐☐☐☐☐ 1994 ☐☐☐☐☐☐☐☐☐☐☐☐	☐ Ja ☐ Nein	.........Fr	
		☐ Ja ☐ Nein	☐ Ja ☐ Nein	☐ Ja ☐ Nein	1993 ☐☐☐☐☐☐☐☐☐☐☐☐ 1994 ☐☐☐☐☐☐☐☐☐☐☐☐	☐ Ja ☐ Nein	.........Fr	
		☐ Ja ☐ Nein	☐ Ja ☐ Nein	☐ Ja ☐ Nein	1993 ☐☐☐☐☐☐☐☐☐☐☐☐ 1994 ☐☐☐☐☐☐☐☐☐☐☐☐	☐ Ja ☐ Nein	.........Fr	
		☐ Ja ☐ Nein	☐ Ja ☐ Nein	☐ Ja ☐ Nein	1993 ☐☐☐☐☐☐☐☐☐☐☐☐ 1994 ☐☐☐☐☐☐☐☐☐☐☐☐	☐ Ja ☐ Nein	.........Fr	
		☐ Ja ☐ Nein	☐ Ja ☐ Nein	☐ Ja ☐ Nein	1993 ☐☐☐☐☐☐☐☐☐☐☐☐ 1994 ☐☐☐☐☐☐☐☐☐☐☐☐	☐ Ja ☐ Nein	.........Fr	
		☐ Ja ☐ Nein	☐ Ja ☐ Nein	☐ Ja ☐ Nein	1993 ☐☐☐☐☐☐☐☐☐☐☐☐ 1994 ☐☐☐☐☐☐☐☐☐☐☐☐	☐ Ja ☐ Nein	.........Fr	

Anleitung zum Erhebungsbogen die Fürsorge betreffend

❶ Die linke Seite enthält AHV-Nummer, Name und Adresse der Personen, über die wir Informationen benötigen.

❷ Nationalität bzw. Aufenthaltsstatus gemäss Datenbank der Arbeitslosenversicherung

❸ Nach dem Ausfüllen des Bogens kann zur Gewährung des Datenschutzes der linke Abschnitt entlang der gestrichelten Linie abgeschnitten werden.

❹ Bitte geben Sie an, ob seit Januar 1992 ein Gesuch um Fürsorge gestellt wurde.

❺ Wurden seit Januar 1992 Fürsorgeleistungen (Geldleistungen) bezogen? Bitte "Ja" oder "Nein" ankreuzen.
Falls ja, weiter mit **❻**
Falls nein, bitte mit der nächsten Person fortfahren.

❻ Bitte geben Sie an, ob während des Jahres 1992 Fürsorgeleistungen bezogen wurden.

❼ Bitte kennzeichnen Sie die Monate (1=Januar, 2=Februar usw.) der Jahre 1993 und 1994, in denen Fürsorge bezogen wurde mit einem Kreuz. (Angebrochene Monate, in denen Fürsorge nur während einiger Tage bezogen wurde, sind ebenfalls zu kennzeichnen).

❽ Bitte geben Sie an, ob die betreffende Person im Moment (*Stichtag Januar 1995*) Fürsorgebezieher ist.

❾ Bitte geben Sie die ausbezahlten Fürsorgebeträge für das Jahr 1994 in Franken an (auf volle Franken gerundet). Falls Fürsorgeleistungen nur in 1993 bezogen wurden, bitte den Betrag für 1993 angeben.

❿ Die notwendige, vorgedruckte anonyme Nummer dient uns zur Identifikation der Personen.

Bitte tragen Sie Beginn und Ende der Bearbeitung ein.

....
Sachbearbeiter   Beginn...   Ende der Bearbeitung

Bei Rückfragen können Sie sich gerne wenden an:

Roland Theiss
c/o Forschungsstelle für Arbeitsmarkt- und Industrieökonomik (FAI)
Petersgraben 51
4003 Basel
Tel. (061) 267 33 75

Forschungsgruppe "Ausgesteuerte" - Groupe de recherche "Chômeurs en fin de droit"

Daniel C. Aeppli	Cora Hotz	Valérie Hugentobler	Roland Theiss c/o FAI
Spalenberg 18	Rue du Perron 6	Route de Lausanne	Petersgraben 51
4051 Basel	1296 Coppet	1610 Oron-La-Ville	4003 Basel
Tel. (061) 261 34 78	(022) 776 96 27	(021) 907 64 17	(061) 267 33 75

Basel/Coppet/Oron, im Juni 1995

Sehr geehrte Dame, sehr geehrter Herr

Unsere Forschungsgruppe hat sich zum Ziel gesetzt, mehr über das Schicksal der Menschen, die einmal ihren Anspruch auf Arbeitslosenentschädigung verloren haben und im amtlichen Sprachgebrauch wenig schön als "Ausgesteuerte" bezeichnet werden, zu erfahren.

Seit Jahren beschäftige ich mich mit dem Problem der Arbeitslosigkeit. Dies hat auch einen ganz klaren Grund: Nach meinem Studienabschluss 1982 war ich selbst mehr als ein Jahr lang arbeitslos, bis ich endlich meine erste Stelle fand. Ich kenne also die Arbeitslosigkeit aus persönlicher Betroffenheit und bearbeite dieses Thema nicht einfach aus Forschungs-Neugier.

Bisher liegen zu diesem Thema kaum Informationen, sondern nur Vermutungen vor. Mit unserer Forschungsarbeit wollen wir verlässliche Unterlagen zum Problem der Aussteuerung gewinnen und einen Beitrag zu dessen Bewältigung leisten. Wir führen das Projekt im Auftrag der Kantone Bern, Freiburg, Solothurn, Basel-Stadt, Basel-Landschaft, Aargau, Wallis und Genf durch. Der beiliegende Brief zeigt Ihnen, dass das Arbeitsamt Ihres Kantons unser Vorhaben unterstützt. Wir befragen insgesamt 6'000 Betroffene. Die Ergebnisse sollen nach Abschluss des Projekts veröffentlicht werden.

Sie selbst waren im Laufe der vergangenen zwei Jahre von der Aussteuerung betroffen. **Um unser Vorhaben zu realisieren, sind wir dringend auf Ihre Mithilfe angewiesen. Es spielt dabei keine Rolle, ob Sie heute wieder eine Arbeit haben oder weiterhin arbeitslos sind.** Wir bitten Sie, den beiliegenden Fragebogen auszufüllen und uns innerhalb zwei Wochen mit dem ebenfalls beiliegenden adressierten und portofreien Couvert zurückzusenden. Das Ausfüllen wird wenig Zeit beanspruchen, denn viele Fragen sind nur für Personen mit Arbeit, viele andere nur für Personen ohne Arbeit; Sie werden also viele Fragen überspringen können.

Ihre Adresse, die wir streng vertraulich behandeln, haben wir vom Arbeitsamt Ihres Wohnkantons erhalten. Die Befragung geschieht anonym: Sie brauchen nirgends Ihren Namen anzugeben, und der Fragebogen enthält auch keine Registrier-Nummer oder ähnliches.

Für Ihre wertvolle Unterstützung danken wir Ihnen jetzt schon ganz herzlich und verbleiben

mit freundlichen Grüssen

Daniel C. Aeppli, Projektleiter

PS: Den Fragebogen gibt es in französischer, deutscher, italienischer, türkischer und spanischer Sprache.
Sie können die Fragebogen in einer dieser anderen Sprachen unter den folgenden Telefonnummern
bestellen: (061) 261 34 78 oder (022) 776 96 27

Forschungsprojekt "Situation der Ausgesteuerten in der Nordwestschweiz und in der Romandie"

Fragebogen

1.a) Wann wurden Sie von der *Arbeitslosenversicherung* ausgesteuert? Bitte geben Sie Monat und Jahr der Aussteuerung an.

(Wenn Sie mehrmals von der *Arbeitslosenversicherung* ausgesteuert wurden, nennen Sie bitte das letzte Aussteuerungs-Datum).

Monat   Jahr

b) Ist dies Ihre erste Aussteuerung *von der Arbeitslosenversicherung* innerhalb der letzten 5 Jahre?

ja ☐
nein ☐

---

2. a) Haben Sie seit Ihrer letzten Aussteuerung eine neue Arbeit gefunden?

- Ja, ich bin heute unselbständig erwerbstätig ☐

Bitte gehen Sie weiter zu Frage 2b.

- Ja, ich bin heute selbständig erwerbstätig ☐

Bitte gehen Sie weiter zu Frage 2b.

- Ja, ich nehme heute an einem Beschäftigungsprogramm teil ☐

Bitte gehen Sie weiter zu Frage 2b.

- Ich fand eine neue Arbeit, aber heute habe ich keine Arbeit mehr ☐

Bitte gehen Sie weiter zu Frage 10, Seite 4.

- Nein, ich habe bis heute keine Arbeit gefunden ☐

Bitte gehen Sie weiter zu Frage 12, Seite 5.

b) *Falls Sie heute eine neue Arbeit haben*: Deckt diese Arbeit Ihren Lebensunterhalt?

ja ☐
nein ☐

Bitte gehen Sie weiter zu Frage 3.

3.a) Wann haben Sie Ihre jetzige Arbeit gefunden? Bitte geben
Sie Monat und Jahr des Stellenantritts bzw. Beginn einer
selbständigen Erwerbstätigkeit an.

Monat   Jahr

b) Meine jetzige Arbeit habe ich gefunden durch Vermittlung...

der öffentlichen kantonalen oder regionalen Stellenvermittlung ☐
des Gemeinde-Arbeitsamtes ☐
eines privaten Stellenvermittlungs-Büros ☐
von Freunden, Verwandten, Bekannten ☐
durch meine eigene Initiative
           - Bewerbung auf ein Inserat ☐
           - Spontanbewerbung ☐
Anderes ☐

Wenn anderes, durch was:...

4. Ich übe den gleichen Beruf aus wie vor meiner Arbeitslosigkeit:

ja ☐
nein ☐

5. Ich habe eine selbständige Erwerbstätigkeit aufgenommen:

ja ☐
nein ☐

Wenn ja: Bitte diese Tätigkeit kurz beschreiben:

....

....

6. a) Ich arbeite jetzt:

Vollzeit ☐
Teilzeit ☐

b) Ich habe jetzt:

eine feste Stelle ☐
eine befristete Stelle ☐
einen Temporär-Job ☐
eine Stelle in einem
Beschäftigungsprogramm ☐
eine selbständige Erwerbstätigkeit aufgenommen ☐

2

7.a) Bei meiner jetzigen Arbeit verdiene ich...

                                      mehr als ☐
    gleich viel wie ☐
    weniger als ☐

...vor meiner Arbeitslosigkeit.

Falls weniger, wieviel weniger:
    bis ungefähr 10 % weniger ☐
    bis ungefähr 25 % weniger ☐
    bis ungefähr 50 % weniger ☐
    mehr als 50 % weniger ☐

b) Bei meiner jetzigen Arbeit verdiene ich...

    mehr als ☐
    gleich viel wie ☐
    weniger als ☐

...ich von der Arbeitslosenversicherung erhalten habe.

Falls weniger, wieviel weniger:
    bis ungefähr 10 % weniger ☐
    bis ungefähr 25 % weniger ☐
    bis ungefähr 50 % weniger ☐
    mehr als 50 % weniger ☐

8. Meine jetzige Arbeit entspricht den Vorstellungen und Wünschen, welche ich zu Beginn der Arbeitssuche hatte:

    ja ☐
    teilweise ☐
    nein ☐

Wenn teilweise oder nein, aus welchem Grund? (es können mehrere Antworten angekreuzt werden)

    a) Die jetzige Arbeit bedeutet für mich einen beruflichen Abstieg ☐
    b) Die jetzige Arbeit entspricht nicht meiner Ausbildung ☐
    c) Der Lohn ist zu tief ☐
    d) Ich habe nur einen Temporär-Job gefunden ☐
    e) Ich habe nur eine Teilzeit-Stelle gefunden ☐
    f) Ich möchte eigentlich teilzeit arbeiten ☐
    g) Gesundheitliche Probleme ☐
    h) Die jetzige Arbeit verursacht Druck und Stress ☐
    i) Der Arbeitsort ist zu weit von meinem Wohnort entfernt ☐
    j) Anderes ☐

Wenn anderes, was..

3

9. a) Sind Sie mit Ihrer neuen Arbeit zufrieden?

ja ☐
teilweise ☐
nein ☐

b) Suchen Sie weiter nach einer anderen Stelle?

ja ☐
nein ☐

*Bitte gehen Sie weiter zur **Frage 18, Seite 7**.*

10. Haben Sie nach Ihrer letzten Aussteuerung eine Zeit lang wieder gearbeitet?

ja ☐
nein ☐

***Wenn nein**, dann gehen Sie bitte zur **Frage 12, Seite 5**.*

11. a) Haben Sie seit Ihrer Aussteuerung bis heute...

eine Stelle ☐
mehrere Stellen ☐

...gehabt?

b) Wie lange dauerte oder dauerten diese Anstellung(en)?
(Es können mehrere Antworten angekreuzt werden)

weniger als einen Monat ☐
einen bis drei Monate ☐
vier bis sechs Monate ☐
mehr als sechs Monate ☐

*Bitte fahren Sie mit der **Frage 12, Seite 5** weiter.*

4

12. Welches sind Ihre grössten Probleme bei der Arbeitssuche? (Es können mehrere Antworten angekreuzt werden)

a) Mein Alter ☐
b) Ungenügende Ausbildung ☐
c) Zu wenig Erfahrung ☐
d) Überqualifikation (zu gute Ausbildung) ☐
e) Sprachprobleme ☐
f) Meine Nationalität ☐
g) Meine familiäre Situation (z.B. alleinerziehend) ☐
h) Ich kann nur teilzeit arbeiten ☐
i) Gesundheitliche Probleme ☐
j) Anderes ☐

Wenn anderes, was ....

13. Meinen Lebensunterhalt bestreite ich auf die folgende Weise: (Es können mehrere Antworten angekreuzt werden)

a) Ich lebe vom Ersparten/Vermögen ☐
b) Ich kann gelegentlich arbeiten ☐
c) Ich beziehe die ordentliche AHV-Altersrente ☐
d) Ich bin vorzeitig pensioniert worden ☐
e) Mein(e) Lebenspartner(in) bestreitet unseren Lebensunterhalt ☐
f) Ich erhalte Alimente ☐
g) Ich werde von Eltern, Verwandten, Freunden, Bekannten usw. unterstützt ☐
h) Ich lebe von einem Stipendium für eine Ausbildung ☐
i) Ich beziehe Arbeitslosenhilfe bzw. Nothilfe ☐
j) Ich erhalte zur Zeit wieder Gelder aus der Arbeitslosenversicherung ☐
k) Ich beziehe Fürsorge bzw. Sozialhilfe ☐
l) Ich bin Bezüger einer Rente der Invaliden-Versicherung, nämlich einer
- Vollrente ☐
- Halben Rente ☐
- Viertel-Rente ☐
m) Ich habe mich bei der Invaliden-Versicherung angemeldet, bekomme aber im Moment noch keine Rente ☐
n) Ich habe einen Bankkredit aufgenommen ☐
o) Ich habe meinen Lebens-Standard heruntergeschraubt ☐
p) Anderes ☐

Wenn anderes, was ....

5

14. a) Ich habe meinen Lebens-Standard herabgesetzt

gar nicht ☐
ein wenig ☐
stark ☐

b) *Wenn ein wenig oder stark,* auf welche Art haben Sie sich eingeschränkt:
(Es können mehrere Antworten angekreuzt werden)

Ich habe in eine günstigere Wohnung gewechselt ☐
Ich spare beim Ausgehen ☐
Ich spare bei Ferien ☐
Ich spare bei Kleidern ☐
Ich spare beim Arzt und beim Zahnarzt ☐
Ich habe Versicherungen gekündigt oder herabgesetzt ☐
Ich habe persönliche Gegenstände verkauft ☐
Ich verzichte aufs Auto ☐
Anderes ☐

Wenn anderes, was..

15. Ich suche weiterhin eine Arbeit

ja ☐
nein ☐

Wenn nein, aus welchem Grund:...
Wenn nein, gehen Sie bitte zur **Frage 18, Seite 7**.

16. In welchem Umkreis suchen Sie nach einer Arbeit?

an meinem Wohnort oder in meiner Region ☐
im ganzen Kanton ☐
in der ganzen Schweiz ☐
Schweiz und Ausland ☐

17. Können Sie für eine Stelle einen Wohnortwechsel in Kauf nehmen?

ja ☐
nein ☐

Bitte fahren Sie mit der Frage 18 weiter.

6

170

18. Ich hatte einen Anspruch von...

170 ☐   300 ☐
250 ☐   400 ☐

... Taggeldern aus der Arbeitslosenversicherung

---

19. Haben Sie in der Zeit, in der Sie Geld von der Arbeitslosenversicherung bezogen haben, einen Kurs, der vom Arbeitsamt angeboten wurde, besucht?

ja ☐
nein ☐

Eventuelle Bemerkungen dazu ....

---

20. Nehmen Sie im Moment an einem Beschäftigungsprogramm teil oder haben Sie an einem Beschäftigungsprogramm teilgenommen?

ja ☐
nein ☐

Eventuelle Bemerkungen dazu ....

---

21. Beziehen Sie im Moment oder haben Sie seit dem letzten Aussteuerungsdatum <u>Arbeitslosenhilfe oder Nothilfe</u> bezogen?

ja ☐

(In den Kantonen Bern und Aargau nicht zu beantworten)   nein ☐

---

22. Beziehen Sie im Moment oder haben Sie seit dem letzten Aussteuerungsdatum <u>Fürsorge oder Sozialhilfe</u> bezogen?

ja ☐
nein ☐

---

23. Wieviele Jahre haben Sie vor der Arbeitslosigkeit *insgesamt* gearbeitet?

Anzahl der Jahre [＿＿＿＿]
bzw. unter 1 Jahr ☐

---

24. Gab es *vor Ihrer Arbeitslosigkeit* einen <u>längeren</u> Unterbruch in Ihrer Erwerbstätigkeit?

Dauer in Jahren

Nein,	es gab keinen längeren Unterbruch	☐
Ja, und zwar wegen...	einer Ausbildung	☐
	Kindererziehung	☐
	Vorheriger Arbeitslosigkeit	☐
	Längerer Krankheit	☐
	Anderem	☐

Wenn anderes, was...

7

25. Wie erlebten oder erleben Sie die Situation der Aussteuerung?

eher gut ☐
mittel ☐
eher schlecht ☐
sehr schlecht ☐

Eventuelle Bemerkungen dazu ....

---

26. Wie reagierte oder reagiert Ihre Umgebung (Verwandte und Freunde) auf die Situation der Aussteuerung?

mit Verständnis ☐
gleichgültig ☐
ablehnend ☐
sie wissen nichts von meiner Aussteuerung ☐

Eventuelle Bemerkungen dazu ....

---

27. Was halten Sie von den folgenden Aussagen? Bitte kreuzen Sie bei *jeder* der folgenden vorgegebenen Aussagen an, ob sie für Sie stimmt oder nicht stimmt.

1=Ja   2=eher ja   3=eher nein   4=nein

① ② ③ ④   Es ist in erster Linie die Aufgabe des Arbeitsamts, für die Arbeitslosen neue Stellen zu suchen. Der einzelne hat hierzu nur wenig Möglichkeiten.

① ② ③ ④   Jeder ist für sein eigenes Wohlergehen verantwortlich.

① ② ③ ④   In erster Linie ist es die Aufgabe jedes einzelnen Arbeitslosen, eine Stelle zu finden. Das Arbeitsamt ist dazu wenig geeignet.

① ② ③ ④   Ich tue oder tat für die Stellensuche nur das, was das Arbeitsamt verlangt. Es hätte ohnehin nicht viel Sinn gehabt, mehr zu tun.

① ② ③ ④   Der Einzelne kann nicht viel tun, um sein Schicksal zu verbessern, denn er hat wenig Einfluss.

① ② ③ ④   In erster Linie ist der Staat für das Wohlergehen seiner Bürger verantwortlich.

① ② ③ ④   Ich verlasse mich vor allem auf meine eigene Initiative, denn wichtig sind oder waren vor allem meine eigenen Bemühungen um eine Stelle.

① ② ③ ④   Ich beanspruche alle sozialen Einrichtungen, soweit es nur geht, solange ich das Recht dazu habe.

Bemerkungen: ....

8

28. Nun noch einige statistische Fragen:

a) Nationalität   Schweizer/in ☐   Ausländer/in ☐

b) Geschlecht   männlich ☐   weiblich ☐

c) Alter   in Jahren   ☐

d) Muttersprache: ....

e) Zivilstand

                                ledig ☐   verwitwet ☐
                                 verheiratet ☐   geschieden ☐

f) Anzahl der Kinder, für die Sie finanziell aufkommen müssen   ☐

g) Wenn Sie minderjährige Kinder haben, sind Sie alleinerziehend?   ja ☐
                                                                       nein ☐

h) Müssen Sie (ausser für Ihre Kinder) für Ihren Partner, Ihre Eltern oder
andere Personen aufkommen?   ja ☐
                                                                 nein ☐

i) Geben Sie bitte Ihren Ausbildungsabschluss oder Ihre Ausbildungsabschlüsse an.

obligatorische Schule	☐	Matura, Lehrerseminar	☐
Berufslehre, Berufsschule	☐	höhere Fachschule (z.B. HTL, HWV, HKG)	☐
höhere Fach- und Berufsaus-		Universität, Hochschule	☐
bildung (inkl. Meisterdiplom)	☐	Andere	☐

j) Ausgeübter Beruf: Welche Tätigkeit übten Sie vor der Arbeitslosigkeit aus?...................
....

k) Letzte berufliche Stellung und Branche vor der Arbeitslosigkeit:

Kaderfunktion	☐	Schüler/Student	☐
Fachfunktion	☐	Lehrling	☐
Hilfsfunktion	☐	Andere	☐

     Branche:...

l) Wohnkanton ....

m) Gemeindegrösse ihres Wohnortes

       bis 5'000 Einwohner ☐   20'000 bis 150'000 Einwohner ☐
       5'000-20'000 Einwohner ☐   150'000 u. mehr Einwohner ☐

9

n) Fragen an Ausländer und Ausländerinnen:

Welches ist ihre Nationalität?...

Seit wann sind Sie in der Schweiz?   Einreisejahr [   ]

Art des Ausländerausweises:

Niederlassungsbewilligung (Ausweis C) ☐   Asylbewerber/in ☐
Jahresaufenthaltsbewilligung (Ausweis B) ☐   Andere   ☐

---

29. Haben Sie den Eindruck, dass Sie genügend Unterstützung vom Arbeitsamt erfahren
    haben?

                                                                    ja   ☐
                                                                    nein ☐

    Wenn nein, welche Leistungen sollten Ihrer Meinung nach verbessert werden:
    ....
    ....
    ....
    ....
    ....
    ....
    ....

---

30. Vielleicht wurden wir mit diesem Fragebogen Ihrer Situation nicht ganz gerecht, oder
    Sie wollen Bemerkungen, Kritik oder Anregungen anbringen. Wenn ja, bitten wir Sie
    um eine kurze Mitteilung.
    ....
    ....
    ....
    ....
    ....
    ....
    ....
    ....
    ....
    ....
    ....
    ....
    ....

Wir danken für Ihre wertvolle Mitarbeit.

10

Dr. Daniel C. Aeppli

Weiterbildung und Umschulung für Arbeitslose

Motivation, Bedarf und Wirkungen

235 Seiten
kartoniert Fr. 48.– / DM 57.– / öS 445.–
ISBN 3-258-04476-7

Das Werk gründet auf einer repräsentativen Befragung von Arbeitslosen in den Kantonen Basel-Landschaft und Basel-Stadt (Schweiz) und im Arbeitsamts-bezirk Lörrach (Bundesrepublik) sowie auf Interviews mit Fachleuten, Gruppendiskussionen mit Kursteilnehmern, Befragungen von ehemaligen Kursbesuchern und von Arbeitslosen, die nicht an Kursen teilnehmen wollten. Die Ergebnisse geben Aufschluss über die Einstellungen der Arbeitslosen gegenüber Weiterbildung und Umschulung, über ihre Erwartungen an und ihre Befürchtungen vor Weiterbildungs- und Umschulungskursen, über ihren Informationsstand in Bezug auf Kurse, über ihren Weiterbildungsbedarf, über ihre Motive zur Kursteilnahme bzw. -ablehnung und über die Wirkung der Kurse.

Das Buch enthält konkrete Anregungen und Empfehlungen für die zukünftige Konzeption von Kursen und die Information und Motivation der potentiellen Teilnehmer, die für die Praxis sehr nützlich und wertvoll sind. Die ganze Unter-suchung wurde in enger Zusammenarbeit mit den beteiligten Arbeitsämtern geplant und durchgeführt. Von besonderem Interesse ist, dass das Projekt grenzüberschreitend angelegt ist, also die Schweiz und die Bundesrepublik erfasst.

Verlag Paul Haupt Bern · Stuttgart · Wien

PD Dr. George Sheldon / Roland Theiss

Bevölkerungs- und Arbeitskräfte- gesamtrechnung für die Schweiz 1982 – 1991

Publikationen der Ausgleichsstelle
für den Ausgleichsfonds der Arbeitslosenversicherung / BIGA

189 Seiten, 98 Tabellen
kartoniert Fr. 28.– / DM 31.– / öS 242.–
ISBN 3-258-05142-9

Das Buch präsentiert ein umfassendes Bild der Personenbewegungen im Bestand der Wohn- und Erwerbsbevölkerung der Schweiz für die Jahre 1982 – 1991.

Das vom inzwischen verstorbenen Nobelpreisträger Richard Stone entwickelte und der volkswirtschaftlichen Gesamtrechnung nachempfundene Konzept der AGR ergänzt die herkömmliche amtliche Sozialstatistik. Sie führt die verschiedenen personenbezogenen Bestandsdaten der Erwerbstätigen, Arbeitslosen, Schüler, Ruheständler usw., die aus den entsprechenden Statistiken vorliegen, mittels der Personenbewegungen, welche die Bestände untereinander verbinden, zu einem in sich konsistenten und übersichtlichen Tabellenwerk zusammen.

Eine AGR dient der Beobachtung und der Analyse von Personenbewegungen auf dem Arbeitsmarkt. Die Bewegungen betreffen unter anderem

– den Eintritt von Bildungsabsolvierenden ins Erwerbsleben,
– den Verbleib ehemaliger Arbeitsloser,
– die Zuwanderung ausländischer Arbeitskräfte.

Das Buch beschreibt die Arbeitsschritte zur Erstellung einer auf die Schweizer Datenverhältnisse abgestimmten AGR. Neben einem umfangreichen statistischen Tabellenwerk enthält die Studie erste Auswertungen und Analysen der neu gewonnenen Informationen.

Verlag Paul Haupt Bern · Stuttgart · Wien